UNIVERSITÉ DE PARIS. — FACULTÉ D.

LE
DOUBLE LEGS CONDITIONNEL
ALTERNATIF
ET
LA SUBSTITUTION PROHIBÉE

THÈSE POUR LE DOCTORAT

PRÉSENTÉE ET SOUTENUE

Le jeudi 17 mars 1910, à 3 heures

PAR

Robert TULOUP

Président : M. PIÉDELIÈVRE, *professeur.*

Suffragants : { MM. MASSIGLI, *professeur.*
WEISS, *professeur.*

LIBRAIRIE

de la Société du

RECUEIL J.-B. SIREY

22, Rue Soufflot. — PARIS, Vᵉ

L. LAROSE & L. TENIN Directeurs

1910

THÈSE

POUR

LE DOCTORAT

UNIVERSITÉ DE PARIS. — FACULTÉ DE DROIT

LE

DOUBLE LEGS CONDITIONNEL

ALTERNATIF

ET

LA SUBSTITUTION PROHIBÉE

THÈSE POUR LE DOCTORAT

PRÉSENTÉE ET SOUTENUE

Le jeudi 17 mars 1910, à 3 heures

PAR

Robert TULOUP

Président : M. PIÉDELIÈVRE, *professeur.*

Suffragants : { MM. MASSIGLI, *professeur.*
WEISS, *professeur.*

LIBRAIRIE

de la Société du

RECUEIL J.-B. SIREY

22, Rue Soufflot. — PARIS, Vᵉ

L. LAROSE & L. TENIN, Directeurs

1910

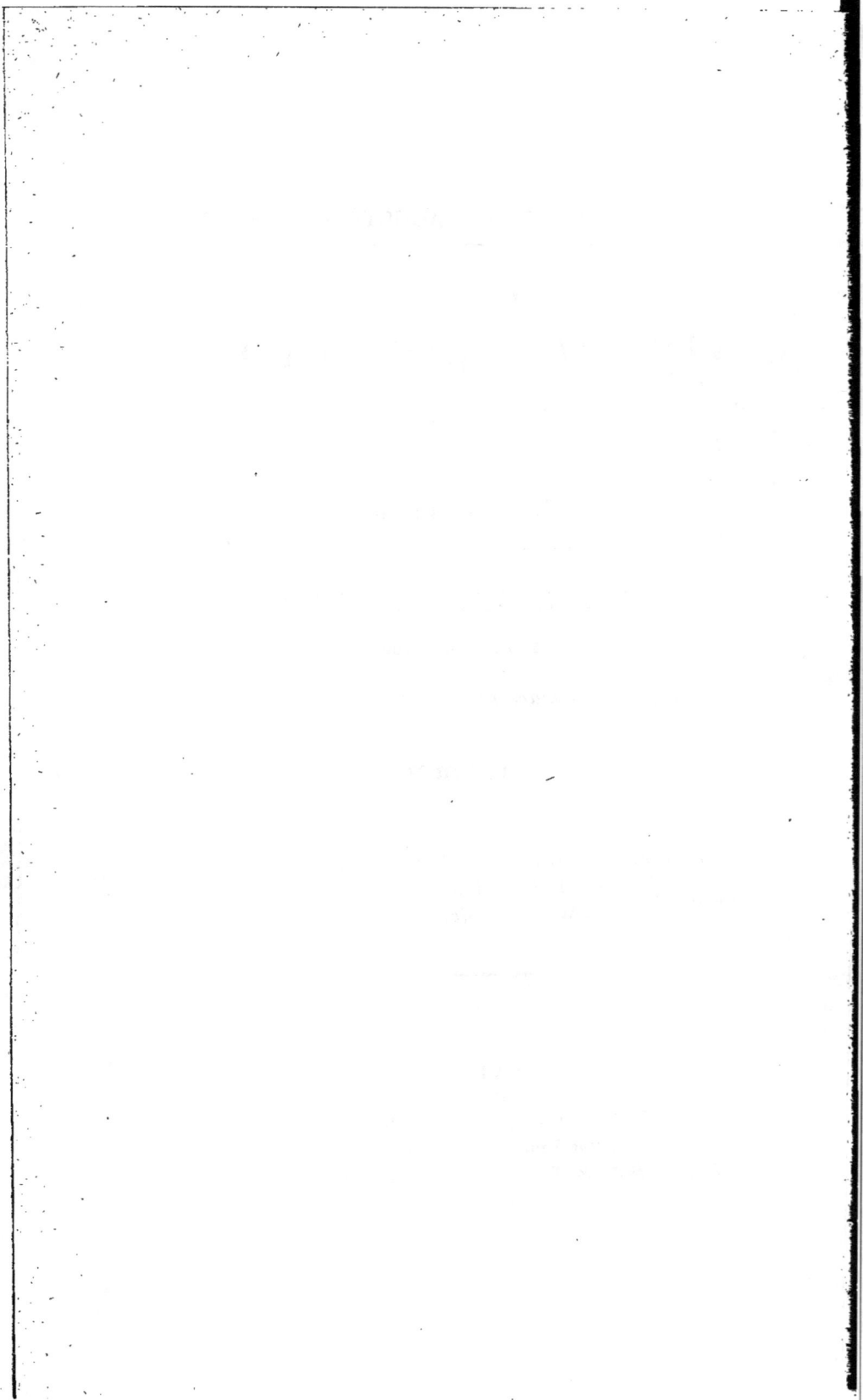

LE
DOUBLE LEGS CONDITIONNEL ALTERNATIF

ET

LA SUBSTITUTION PROHIBÉE

INTRODUCTION

La prohibition des substitutions, établie d'abord par la loi des 25 octobre et 14 novembre 1792 et confirmée depuis, sauf quelques exceptions, par l'article 896 du Code civil, a été et sera longtemps encore la source d'un grand nombre de procès.

D'une part, le désir naturel à l'homme, d'étendre le plus loin possible le droit de disposer de ses biens, désir fortifié par une longue habitude que le Code civil est venu contrarier, excite les particuliers à chercher des subterfuges pour éluder cette loi qui anéantit dans leur entier les dispositions faites à la charge de conserver et de rendre.

De l'autre, la faculté accordée par le législateur de disposer à terme et même sous condition fournit un moyen de déguiser sous l'apparence de dispositions autorisées celles que la loi a si rigoureusement proscrites.

Que doit-il naturellement en résulter ? C'est que les uns saisiront les moindres indices pour attaquer, comme substitutions, toutes les libéralités qui leur préjudicient tandis que les autres croiront pouvoir nier l'existence des substitutions les mieux caractérisées.

Dans cet état de choses, les tribunaux réclament un guide sûr, qui, en leur indiquant d'une manière précise la nature et le caractère distinctif des substitutions, leur apprenne à séparer ce qui est permis d'avec ce qui est défendu et les mette à même de concilier, dans leurs décisions, la soumission due aux lois, avec le respect que commandent les dernières volontés des mourants.

Les auteurs du Code se sont bien gardés d'indiquer le moindre critérium ; ils ont cru que la prohibition pure et simple des substitutions, telles qu'elles se pratiquaient alors, suffirait pour supprimer désormais toutes les difficultés qu'elles soulevaient, mais ils n'ont pas pris garde qu'en autorisant les legs conditionnels d'une manière aussi générale que le fait l'article 1040, les interprètes pourraient parvenir, grâce à cet article, à éluder la prohibition qu'ils édictaient. Il faut reconnaître qu'il leur aurait été impossible de prévoir les moyens dont se serviraient postérieurement les praticiens, car pour arriver à un tel résultat, on dut leur prêter des théories qu'ils n'admettaient pas et leur attribuer des conceptions, qui ne pouvaient être les leurs.

Pour se rendre compte de la portée exacte de l'article 896, il ne faut pas oublier cette vérité incontestable que les rédacteurs du Code n'ont eu en vue que les substitutions telles qu'elles se pratiquaient à la fin de l'ancien régime : ils les ont prohibées pour remédier aux abus et aux inconvénients qu'avait révélés la pratique d'une telle institution : il est hors de doute que les substitutions prohibées sont celles qui étaient usitées dans notre ancienne jurisprudence.

C'est en s'écartant de cette notion exacte de l'idée de substitution au moment de leur prohibition, que beaucoup d'auteurs et la jurisprudence sont arrivés à annihiler plus ou moins complètement l'article 896 ; on a restreint d'abord, puis on a tourné franchement cette disposition d'ordre public au moyen de plusieurs procédés.

C'est cette évolution de la jurisprudence que nous nous proposons de retracer en nous bornant à sa dernière étape : celle du double legs conditionnel alternatif. Elle rappelle l'œuvre si particulière entreprise à Rome dans toutes les branches du droit par les magistrats investis de la mission d'interpréter les lois, en leur apportant « corrigendi juris civilis causa » des développements dictés par les progrès des mœurs, développements qui trop souvent n'étaient que le renversement des principes mêmes que leurs auteurs étaient chargés d'appliquer.

La jurisprudence valide, sous le nom de doubles legs conditionnels alternatifs, de véritables substitutions et rétablit les fidéicommis dans les limites où le permettent les textes du Code autres que l'article 896, notamment l'article 906.

Elle n'a pas osé opérer ce changement tout d'un coup, elle a procédé par étapes successives. Elle a d'abord admis divers moyens, grâce auxquels elle a pu faire échapper à la nullité de l'article 896 au moins l'une des deux libéralités ; elle considéra les dispositions suspectes, comme ne contenant qu'un vœu ou bien comme constituant une substitution vulgaire ou un droit d'accroissement, ou bien encore comme renfermant une clause de retour.

Mais la jurisprudence poussée par les exigences de la pratique alla plus loin : elle s'attaqua à la prohibition tout entière et essaya de rendre valables les deux dispositions en ayant recours soit aux legs *de residuo*, soit aux donations et aux legs d'usufruit, soit encore aux legs conditionnels.

Nous nous bornerons à rappeler très brièvement ces différents moyens à la fin de notre première partie, avant de commencer l'étude proprement dite du double legs conditionnel alternatif. En effet, il nous a paru nécessaire au début de ce travail de dégager la portée exacte de l'article 896, de délimiter le domaine et l'étendue d'application de la prohibition d'ordre public qu'il édicte : pour cela nous devrons rechercher et analyser les caractères essentiels de toute substitution fidéicommissaire, et préciser la nature juridique de telles dispositions à titre gratuit.

Notre seconde partie sera consacrée à l'étude de la théorie proprement dite du double legs conditionnel alternatif : nous verrons d'abord ce qu'elle était dans l'ancien droit, ce qu'elle est devenue dans le Code. Puis, nous ferons l'exposé du système de la jurisprudence, nous en retracerons les phases, nous examinerons sur quels principes juridiques il repose. Nous serons à même alors d'apprécier si ce système se justifie au point de vue juridique et de discuter la valeur des arguments sur lesquels la jurisprudence prétend appuyer sa théorie.

Enfin, dans une troisième partie, nous essaierons de montrer sous l'empire de quelles nécessités la jurisprudence dut créer sa distinction entre les legs conditionnels et le fidéicommis, et, d'expliquer les raisons qui la poussèrent à accueillir, malgré les textes du Code, sous le nom de legs conditionnels, des dispositions que le législateur avait frappées sous le nom de substitution : autrement dit nous nous demanderons, si la prohibition des substitutions se justifie encore à l'heure actuelle, ou si, au contraire, il y a lieu de rayer de notre Code cet article 896 ? dont la conséquence la plus certaine a été d'engendrer des débats sans nombre et des doctrines contradictoires.

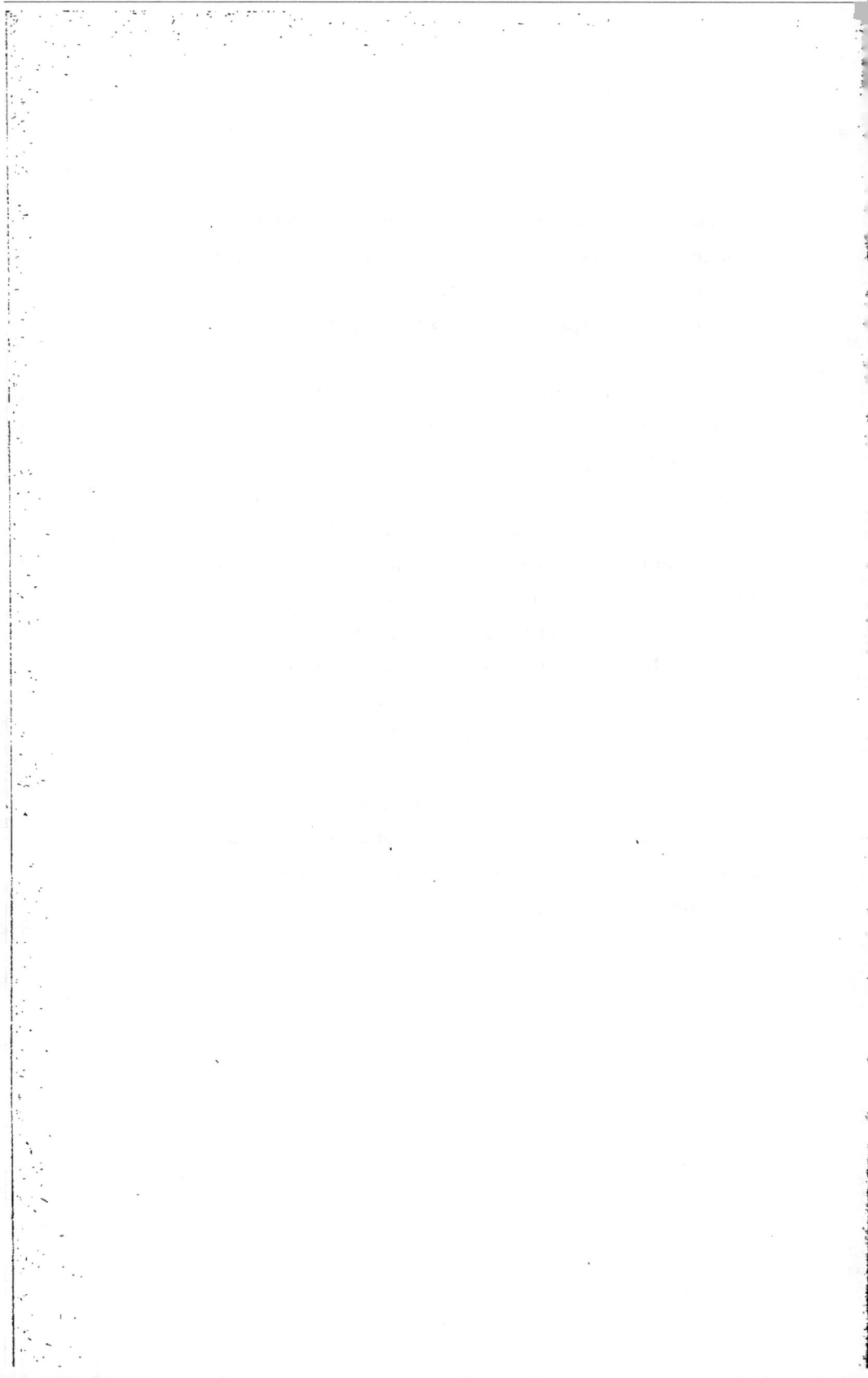

PREMIÈRE PARTIE

DE LA SUBSTITUTION PROHIBÉE

CHAPITRE PREMIER

Domaine de l'article 896.

Parmi les textes du Code, qui ont soulevé les plus vives controverses, a figuré de tout temps l'article 896 : grâce au laconisme de sa rédaction et à l'obscurité, qui en résulte, le commentaire de cet article a toujours été des plus délicats. Malgré son apparente généralité, ce texte ne prohibe pas d'une manière absolue toutes les dispositions auxquelles peut s'appliquer la dénomination de substitutions.

Le droit romain distinguait et réglementait trois espèces de substitutions : vulgaire, pupillaire, quasi pupillaire ou exemplaire.

La substitution vulgaire (1) était la substitution par laquelle le testateur désignait un autre héritier pour le cas où celui qu'il avait institué en première ligne ne pourrait ou ne voudrait être héritier.

Très fréquente à Rome, cette substitution s'expliquait avant tout et surtout par la préoccupation manifeste des Romains de s'assurer une hérédité testamentaire. L'article 898 l'autorise et la définit en des

---

1. *Institutes*, livre 2, titre 16.

termes qui en donnent une notion exacte et complète :

« La disposition par laquelle un tiers serait appelé
« à recueillir le don, l'hérédité ou le legs, dans le cas
« où le donataire, l'héritier institué ou le légataire,
« ne le recueillerait pas, ne sera pas regardée comme
« une substitution, et sera valable. »

Le disposant substitue donc ici un deuxième légataire au premier pour le cas où le legs fait à celui-ci
deviendrait caduc soit par son prédécès, soit par son
refus de recueillir.

Tout autre était la notion de la substitution pupillaire. Par cette substitution, le père était autorisé, en
faisant son propre testament, à faire du même coup
celui de son fils impubère, pour le cas où celui-ci
mourrait avant d'avoir atteint l'âge de la puberté, par
conséquent sans avoir pu se choisir lui-même un
héritier.

Quant à la substitution quasi pupillaire, appelée
aussi exemplaire (parce qu'elle fut admise *exemplo
pupillaris substitutionis*) elle n'était qu'une extension
de la substitution pupillaire. Elle permet à un père
de choisir un héritier à l'enfant, que son état mental
mettait dans l'impossibilité de tester (1). En dernière
analyse, ces deux substitutions ne sont que des testaments faits pour le compte d'autrui.

L'article 896 ne fait pas allusion à ces deux dernières espèces de substitutions (2) : elles ont été

---

1. *Institutes*, 2, 16 et Code 6, 26, 9.

2. Ces substitutions étaient déjà repoussées par les coutumes, v.
Pothier, *Des substitutions*, article préliminaire 1, tome 8, p. 455.

expressément abolies par l'article 61 de la loi du 17 nivôse an II, et depuis, l'abolition en a été maintenue par cela même que le Code civil ne les a pas rétablies (1).

De plus, la définition même que l'article 895 donne du testament condamnerait la substitution pupillaire et la substitution quasi pupillaire. N'implique-t-elle point que le testament est l'œuvre personnelle du testateur et qu'on ne saurait comprendre les testaments faits pour le compte d'autrui ?

Quelles sont donc les dispositions que l'article 896 entend prohiber sous le nom de substitution ? Tout le monde s'accorde à reconnaître que ce sont celles qui étaient connues dans notre ancien droit sous la dénomination de substitutions fidéicommissaires ou indirectes. Nous devons aller chercher la théorie des substitutions chez nos anciens auteurs : les dispositions du Code, qui les concernent, ne se suffisent point à elles-mêmes ; elles demandent à être éclairées et complétées par la législation antérieure.

Autrefois on distinguait deux sortes de substitutions : la substitution fidéicommissaire ou indirecte ou oblique, et la substitution vulgaire ou directe. On voit la différence qui existe entre ces deux types de substitutions : dans la substitution vulgaire, le deuxième

1. Merlin, *Répert.*, v⁰ *Substitution directe*, § 2, n⁰ 16, et § 3, n⁰ 10.
Aubry et Rau, VII, p. 298, § 693.
Laurent, XIV, n⁰ 389.
Demolombe, *Donations*, I, n⁰ˢ 53, 61 et 73.
Poitiers, 17 déc. 1900, D. 01.2.198.

gratifié tient directement ses droits du disposant, qui l'a appelé au défaut du premier gratifié, de sorte qu'il n'y a pas d'intermédiaire entre le deuxième gratifié et le disposant. La faculté de faire une substitution vulgaire « n'allant qu'à donner un héritier avec plus de certitude » (1) n'est que la conséquence du droit de disposer à titre gratuit, de faire une institution.

Au contraire, dans la substitution fidéicommissaire, le deuxième gratifié ne reçoit les biens que par l'intermédiaire du grevé, qui les lui transmet, après en avoir été propriétaire pendant sa vie. Il les doit, sans doute, à la libéralité du disposant, c'est de lui qu'il les tient, mais d'une manière indirecte ou oblique, parce qu'il les reçoit de la main du grevé. « L'appelé au « profit de qui la substitution est faite, ne doit pas re- « cueillir les biens directement, mais par le canal du « grevé, personne interposée, que j'ai chargée de lui « remettre (2). »

Aussi, désignait-on souvent dans notre ancien droit, la substitution vulgaire sous le nom de substitution directe et la fidéicommissaire sous le nom de substitution indirecte ou oblique (3).

Ce sont seulement les substitutions fidéicommissaires que le Code a entendu prohiber : il ne peut y

---

1. Ricard. *Traité des substitutions*, ch. I, n° 4.

2. Pothier, t. VIII de ses *OEuvres*, p. 455, n° 2.

3. « On divisait, nous dit Pothier (t. VIII, p. 456, n° 5), les substitu- « tions tant vulgaires que fidéicommissaires en simples et graduelles » les graduelles sont celles qui contiennent plusieurs degrés, les simples celles qui n'ont qu'un degré.

avoir aucun doute sur ce point. Destiné à frapper et à proscrire une institution traditionnelle, l'article 896 a dû évidemment employer les termes, dont il se servait, dans leur sens traditionnel (1).

Or, dans notre ancien droit, c'étaient uniquement les substitutions fidéicommissaires, qu'on désignait sous la dénomination pure et simple de substitutions : « Dans notre usage, dit Thévenot, nous disons substitu-« tions fidéicommissaires, et nous disons fidéicommis. « Mais ces mots ne sont connus qu'au barreau et « entre les jurisconsultes ; le mot trivial est substitu-« tion simplement, de manière que quand nous par-« lons de substitution nous entendons les fidéicom-« missaires (2). »

Avant lui, Domat disait déjà : « Dans notre usage, « quand on parle simplement de substitutions, on « l'entend de celles qui font passer les biens d'un « successeur à un autre ; car l'usage en est bien plus

1. Remarquons que les Romains, pour désigner la disposition, qu'on a depuis appelée substitution fidéicommissaire ne se servaient que du mot *fidéicommissum* ainsi que le fait remarquer Thévenot (nos 30 et 33) ; « le mot de substitution fidéicommissaire ne se trouve nulle « part dans le droit romain, il n'a été mis en usage que par les docteurs ». Furgole s'exprime de même. Voyez *Traité des testaments*, t. III, ch. 9, n° 33, p. 26. Ricard, *Traité des substitutions*, nos 263, 264, p. 284. Thévenot (n° 32) « il n'y avait point, chez les Romains, de terme pro-« pre pour désigner, soit l'auteur du fidéicommmis ni la personne « chargée de rendre » « les lois se servaient de périphrases », plu-sieurs d'entre elles sont indiquées, n° 34.

2. Thévenot, *Traité des substitutions fidéicommissaires*, n° 31.

De même : Denizart, 1783, *Verbo fidéicommiss*, § 1, n° 2.

Ricard, *Traité des substitutions*, 1e partie, nos 2 et 3, p. 223.

Argou, *Institution du droit français*, 1730, t. I, p. 348.

« fréquent et plus connu, que celui des substitutions
« vulgaires et pupillaires (1). »

Ce sont elles très certainement, que la loi du
14 novembre 1792 entendait frapper, quand elle disait (article premier) : « Toutes substitutions sont interdites et prohibées à l'avenir. »

La même formule se retrouve, terme pour terme,
dans l'article 896 du Code civil. Cette interprétation
est pleinement confirmée par les travaux préparatoires du Code, où le mot fidéicommis est, aussi,
toujours pris, comme synonyme de substitution fidéicommissaire. C'est ce que nous dit, d'une façon
très nette, Jaubert dans son rapport au Tribunat le
9 floréal an XI : « Il faut bien entendre ce que la loi
« défend ; ce n'est autre chose que ce qui était connu
« dans l'ancien droit sous le nom de fidéicommis (2). »

1. Domat, *Lois civiles*, titre III, ch. V des substitutions *in princi-
pio*. C'est dans ce sens également, que le mot substitution est employé
dans les ordonnances de 1560 et 1666, et surtout dans le préambule de
l'ordonnance de 1747.

R. de Villargues, dans son *Traité des substitutions*, n° 5, après avoir
rappelé que « le mot substitution lorsqu'il était isolé s'entendait de
« la substitution fidéicommissaire et non de celle dite vulgaire ; c'est
« ce qu'attestent tous les auteurs », fait la remarque suivante : « ce
« n'est pas tout : les coutumes d'Auvergne, de Bourbonnais et quel-
« ques autres s'étaient bornées, comme le Code à défendre les substitu-
« tions, sans en distinguer l'espèce. Eh bien ! il avait été reconnu,
« en point de droit, que le terme de substitution, ainsi isolé, ne de-
« vait s'entendre, que des substitutions fidéicommissaires, les vul-
« gaires étant plutôt institutions que substitutions. Ce sont les
« expressions de Lebrun dans son *Traité des successions*, livre 3, ch. 4,
« n° 46. De même Chabrol, *Coutume d'Auvergne*, ch. XII, art. 53 ».

2. Locré, XI, p. 437.

CHAPITRE II

Etude juridique de l'article 896

SECTION I

DÉFINITION DE LA SUBSTITUTION PROHIBÉE

On chercherait vainement une définition de la substitution : le Code ne renferme, en ce qui concerne les substitutions prohibées, qu'un article unique : l'article 896 se borne à proclamer la prohibition.

Cette omission de définition n'est pas due à un oubli, elle a été voulue par les rédacteurs du Code. Nous voyons dans les travaux préparatoires, que sur l'article 4 du texte primitif soumis au Conseil d'État à la séance du 7 pluviôse an XI, et qui devait devenir l'article 896 du Code, une discussion s'engagea au sujet de la définition qu'il fallait donner des substitutions. Régnault de Saint-Jean-d'Angély insistait pour qu'on expliquât ce qu'on entendait par substitution, « puisqu'on avait jugé convenable de « conserver les définitions (1), il était nécessaire

---

1. Une discussion analogue avait eu lieu dans cette même séance du 7 pluviôse an XI au sujet de la définition à donner des donations. Regnault de Saint-Jean d'Angély, Bérenger, Galli étaient d'avis que les définitions ne doivent pas trouver place dans la loi : « elles ap-

« d'expliquer ce qu'on entend par substitutions »,
Tronchet lui répondait que « cette explication se
« trouve dans l'article ». On se rangea à l'avis de ce
dernier, sur cette observation qui semble étrange
dans la bouche de Cambacérès : « Il est inutile de
« définir ce qui ne doit pas exister (1). »

La pratique ne peut se contenter d'une pareille
réponse : il était d'autant plus nécessaire de donner
ici une définition de la substitution que l'article 896
venait en proclamer la prohibition et qu'on se trouvait désormais en face d'un texte d'interprétation
stricte.

Un grand nombre de procès sont nés, par suite du
laconisme de la loi, et nombre de décisions judiciaires ont été rendues, dans lesquelles le but du législateur n'a peut-être pas été toujours atteint, et au
milieu desquelles il est souvent malaisé de distinguer
les mobiles directeurs des cours et des tribunaux.

Certains auteurs (2) ont prétendu que le paragra-

« partiennent, disait Bérenger, à la jurisprudence et non à la loi. Elles
« sont très difficiles. Il est donc dangereux de les placer dans un
« Code, car si elles étaient vicieuses, elles conduiraient à de fausses
« conséquences. » Bigot-Preameneu répondait avec plus de raison :
« les définitions sont de véritables dispositions et même les disposi-
« tions fondamentales de la loi, car elles fixent les incertitudes qui
« peuvent naître de la diversité des autres dispositions. » C'était l'a-
vis également de Tronchet et de Portalis : il finit par l'emporter. Ici
on aboutit à une définition.

1. Fenet, *Travaux préparatoires*, t. XII.

2. Villargues, n°s 6 et 145. Duranton, t. 8, n° 67. Dalloz, mot *Substitution* sect. 1, art. 1, § 1, n° 15. Pour la réfutation, voir notamment, Coin
Delisle *Donation et test.*, n° 6 sous 896.

phe 2 de l'article 896 contenait une définition de la substitution prohibée, mais depuis longtemps cette opinion est à juste titre abandonnée : le paragraphe 2 de l'article 896 se borne à retracer quelques-uns des caractères de la substitution.

La loi ayant employé des mots qu'elle ne nous explique point, force nous est de rechercher leur sens en dehors d'elle. En effet, il ne paraît pas impossible d'obtenir la définition et de préciser la notion de la substitution prohibée en recueillant, comme l'une des marques caractéristiques de la substitution, cette charge de conserver et de rendre, dont parle l'article 896, en remarquant que l'abolition des substitutions a eu pour objet unique celles qui introduisaient un nouveau genre de succession et s'ouvraient à la mort du grevé et que les plaintes élevées contre les anciennes substitutions tombaient sur celles qui formaient un nouveau genre de succession, où la volonté de l'homme prenait la place de la loi (1), en consultant notre ancien usage, qui dans le silence du disposant sur l'époque à laquelle les biens devaient être rendus, présumait que le prédécès du grevé était la condition et l'époque de la restitution (2), en examinant enfin la nature des dispositions permises, qui, n'ayant été admises que par exception à la défense de l'article 896, sont évidemment de la même nature que les dispositions prohibées et servent à en faire connaître tous les caractères.

1. Voir préambule de l'ordonnance de 1747.
2. Thévenot, *Traité des substitut. fidéicommiss.*, n°ˢ 919 et s. Ce point sera développé plus longuement dans le chapitre suivant.

En résumé, en l'absence d'une définition légale expressément formulée, nous devons rechercher les caractères intrinsèques et juridiques auxquels on peut reconnaître une substitution prohibée. Cette recherche aboutira à nous en faire connaître tous les éléments : à ce moment seulement nous serons à même d'en donner une définition.

Il est utile d'indiquer de suite quelle sera la conclusion de tous les développements qui vont suivre, et de faire connaître le résultat de cet examen.

Notre définition, conforme à la notion admise aujourd'hui en cette matière, sera la suivante : « la « substitution est une disposition par laquelle une « personne reçoit à titre gratuit, d'une autre, des « biens avec charge de les conserver et de les rendre « à son décès, à une ou plusieurs personnes déter- « minées, vivantes et capables à cette époque. »

SECTION II

CARACTÈRES DE LA SUBSTITUTION PROHIBÉE

Cette section consacrée à l'examen des différents éléments de la substitution prohibée sera divisée en trois paragraphes :

1° Une double transmission des mêmes biens au profit de deux personnes, transmission successive c'est-à-dire séparée par un trait de temps ;

2° L'obligation juridique imposée au premier bénéficiaire de conserver ces mêmes biens pour les rendre au deuxième gratifié, obligation qui se résout en une indisponibilité prolongée pendant le trait de temps ;

3° La fixation de ce trait de temps à la mort du premier institué.

La coexistence ou plutôt la fusion de ces trois éléments constitue ce que les anciens interprètes appelaient *l'ordo successorius* (1).

Premier caractère. — **La double transmission.**

Toute substitution suppose nécessairement une double transmission de biens, et, par conséquent, une double libéralité : l'une au profit de celui qui doit rendre, l'autre au profit de celui auquel on doit rendre (2). Cela résulte non seulement de la notion que nous avons donnée de la substitution fidéicommissaire, mais encore du texte de l'article 896, deuxième alinéa.

1. Nos anciens auteurs analysaient autrement les éléments de la substitution : Ils distinguaient : 1° la double libéralité ; 2° le trait du temps ; 3° l'éventualité ; 4° l'ordre successif. Au fond, les deux procédés sont identiques.

Il suffit pour le montrer de faire, à la suite de M. Planiol, l'observation suivante : « Dans cette liste (celle des anciens auteurs), le premier « élément et le dernier sont les mêmes que dans l'analyse moderne « de la substitution ; mais la charge de conserver et de rendre, qui « est le point capital, fait défaut ; on la considérait jadis, comme sous-« entendue dans toute substitution, et elle est remplacée : 1° par le « trait du temps, qui est implicitement compris dans l'idée d'une dou-« ble libéralité ; 2° par l'éventualité qui est, elle aussi, impliquée par « l'ordre successif. » M. Planiol, III, n° 3278 *fine.*

2. Thévenot, ch. 1er, n° 3.

La première libéralité est adressée directement au donataire, à l'héritier institué ou légataire grevé de la charge de conserver et de rendre. La deuxième est adressée au substitué ou appelé, au profit duquel est écrite la charge de conserver et de rendre. Ces deux libéralités n'ont qu'un seul et même auteur; le grevé et l'appelé tiennent également leur libéralité de la disposition.

Jusqu'à l'ouverture de la substitution, la pleine propriété des biens doit, dans l'intention du donateur ou du testateur, reposer sur la tête du grevé. A l'ouverture de la substitution, le gratifié en deuxième ordre ne reçoit pas, en droit, les biens du grevé, mais de l'auteur de la disposition suivant l'adage des anciens auteurs : *capit a gravante non a gravato* (1) car la restitution que fait le grevé n'est pas une libéralité, qu'il exerce, mais une dette dont il s'acquitte et qui part du bienfait initial du testateur (2). L'appelé les reçoit indirectement et par l'intermédiaire forcé (ou, si l'on préfère, l'expression originale de Pothier: par le canal) du grevé, qui en réalité sert entre eux de trait d'union.

En premier lieu, il faut une disposition au profit du grevé selon la vieille maxime: *nemo oneratus nisi honoratus* (3). La personne grevée de substitution doit être elle-même gratifiée, en effet, on ne peut lui

---

1. Principalement Thévenot, ch. 33.

2. Ricard, *Traité des substitutions*, partie 1, ch. 3, n° 100 ; Pothier. t. VIII, sect. VI, art. 2.

3. L. 6, § 1, *De leg*, 3° ; L. 9, C. de fidéicomm.

imposer la charge de rendre, si on ne lui confère pas
« un bienfait » (1), la cause de l'obligation de rendre
naît de cette libéralité : *quem non honoro, gravare non
possum*, dit une autre maxime.

Il résulte de là qu'il ne saurait y avoir substitution
au cas de simple fiducie, quand une personne, instituée seulement pour la forme et nullement gratifiée
en réalité, tient les biens dans ses mains pour le
compte et dans l'intérêt du véritable bénéficiaire,
auquel elle doit restituer dans un temps plus ou moins
éloigné.

En principe, une telle disposition ne constitue pas
une substitution puisqu'il n'y a ici qu'une seule libéralité et, que le futur cessionnaire des biens est le
seul gratifié à l'exclusion du fiduciaire. Cependant il se
peut que, pour éviter l'article 896, on fasse usage de
la fiducie pour déguiser une substitution? Cette disposition ne peut être validée, c'est une question de
fait que les juges trancheront d'après l'intention véritable du disposant (2).

La nécessité d'une première institution entraîne
une conséquence analogue lorsque le testateur n'a
choisi une première personne, que comme simple
mandataire (3) pour exécuter ses volontés, mais sans

1. Thévenot, n° 90.

2. Cass., 16 juillet 1885. L. 1886.1.103.

3. Il n'y aurait pas non plus substitution, si le déposant léguait tous
ses biens à un exécuteur testamentaire, mais à charge de les vendre
et d'en remettre le prix à un tiers. Paris, 28 juin 1869. *Bulletin des
arrêts de la Cour de Paris*, année 1869, p. 297.

la gratifier. La propriété ne réside pas un seul instant sur la tête du grevé et en cas de caducité, ce n'est pas à lui, mais à l'héritier du testateur que revient la chose (1).

Il peut même souvent arriver qu'un testateur s'exprime ainsi: « Je lègue tel fonds à Pierre et je « le charge de rendre ce fonds à Paul. » Les auteurs décident avec raison que cette disposition n'est pas prohibée par l'article 896. Dans cette hypothèse, le disposant ne déclare pas que le grevé conservera les biens qu'il doit restituer et qu'il en sera propriétaire pendant sa vie, il s'agit seulement d'un fidéicommis pur et simple, et le droit qui en résulte pour l'appelé s'ouvre au moment même de la mort du testateur.

En résumé, les mandataires, exécuteurs testamentaires, dépositaires, fiduciaires, ne sont point, quoique chargés de rendre, des grevés dans le sens de l'article 896, puisqu'ils n'ont pas la propriété des biens, qu'ils sont tenus de rendre.

Les deux transmissions, que renferme toute substitution, doivent être successives, c'est-à-dire ne produire leurs effets que l'une après l'autre. Le second bénéficiaire ne doit recevoir les biens, qu'après qu'ils auront été recueillis par le premier: il faut qu'un trait de temps sépare les deux transmissions. Par suite, il n'y aura pas substitution, si le disposant a appelé deux

---

1. Ricard, *Traité des substit.*, ch. X, n° 5. — Thévenot, n° 538. — Troplong, *Donations*, I, 109. — Toullier, V, n° 35.

ou plusieurs personnes à recueillir conjointement la donation ou le legs, ou bien s'il a prescrit que l'une d'elles ne sera donataire ou légataire que si l'autre ne peut pas ou ne veut pas l'être. Dans ce dernier cas, il y a bien substitution, mais substitution vulgaire permise par l'article 898. Au contraire, pour être prohibées, les deux libéralités doivent venir l'une après l'autre et non l'une à défaut de l'autre, selon les expressions de Peregrinus : *Ordine successivo et non conjunctivo seu simultaneo* (1).

De plus, les deux donations doivent avoir pour objet la pleine propriété des mêmes biens. Aussi le Code civil dans son article 899 valide-t-il la disposition entre vifs ou testamentaire, par laquelle l'usufruit sera donné à l'un et la nue propriété à l'autre : il y a bien là deux libéralités, mais chacune d'elles a un objet spécial et partant chaque bénéficiaire a un droit absolument distinct (2).

S'il faut nécessairement deux libéralités, il n'est pas indispensable qu'elles soient faites expressément par le disposant. Cette observation s'impose tant à l'égard du grevé qu'à l'égard du substitué.

---

1. *Peregrinus.* art. 17, nᵒˢ 1 et s. — « Les deux libéralités, dit M. Huc t. VI, nᵒ 14), doivent être combinées de telle sorte, qu'il apparaisse que l'intention du disposant n'a pas été d'appeler les deux gratifiés l'un à défaut de l'autre, comme dans le cas de substitution vulgaire, ou simultanément, mais l'un après l'autre dans un certain ordre. »

2. De même, la disposition qui a pour objet d'établir deux usufruits successifs, en constitue pas une substitution, car l'usufruit, étant un droit essentiellement viager, ne peut pas se transmettre, et chaque bénéficiaire a encore ici un droit distinct.

La question s'est posée spécialement en ce qui concerne l'héritier *ab intestat* qui recueille la première libéralité par l'effet de la dévolution légale : l'article 896 s'applique-t-il quand la charge de conserver et de rendre est imposée à un héritier légitime ? Il faut répondre par l'affirmative. Cependant on en a douté (1) parfois, parce que l'héritier *ab intestat* tient sa vocation de la loi et non du testateur, on ne peut donc pas dire qu'il ait été gratifié par ce dernier. Cette objection n'est pas fondée, il suffit de faire remarquer que le testateur a le droit d'enlever à l'héritier *ab intestat,* dans les limites de la quotité disponible, ce qui lui a été donné par la loi : laisser ses biens à son héritier, quand on peut les lui retirer, est en définitive une véritable donation. La charge de rendre, imposée à l'héritier, modifie les effets de sa vocation légale : son titre est interverti, il se trouve appelé à la succession plutôt par la volonté du défunt, que par la disposition de la loi.

Cette opinion admise universellement aujourd'hui en doctrine et en jurisprudence s'appuie sur plusieurs textes de l'ancien droit (2). De plus, si l'on ajoute à

1. Villargues, n° 145. — Duranton, t. VIII, n° 67. — Delvincourt, t. II, n° 390. Toullier, t. V, n° 47. — Demante dans *Thémis,* t. II, p. 57.

2. Thévenot, n°ˢ 84 et 85 :

« On peut charger de fidéicommis tous ceux qu'on gratifie, soit qu'on les gratifie expressément en leur donnant, soit qu'on les gratifie tacitement en ne leur ôtant pas ce qu'on pourrait leur ôter. Il suit de là qu'on peut grever non seulement son héritier institué et son légataire à qui on donne expressément, mais aussi son héritier *ab intes*

ces motifs tirés du fondement même du droit successoral établi en 1804, — la succession *ab intestat* basée sur l'intention présumée du *de cujus*, — cette considération que les rédacteurs du Code civil ont voulu
abolir les substitutions fidéicommissaires de notre ancien droit, où cette substitution pouvait exister sans
institution expresse, on demeurera convaincu que
l'intention du législateur a été de prohiber aussi bien
la substitution mise à la charge de l'héritier *ab intestat*, que celle mise à la charge de l'institué.

Quant au silence gardé par le second alinéa de
l'article 896 sur l'héritier *ab intestat*, il s'explique
parfaitement, si l'on remarque que cet alinéa a surtout pour but de prononcer une sanction pénale contre le premier bénéficiaire, et de déroger à la règle
admise par le Code en matière de donations et testaments, règle (article 900) qui n'annule que les dispositions contraires à la loi, sans faire tomber les
dispositions principales. La nullité prononcée par
l'article 896 a, au contraire, pour but de réduire à

---

tat, qu'on gratifie tacitement en ne le dépouillant pas de l'hérédité.

Et Ricard. *Traité des substitutions*, 1re partie, n° 166 :

« Comme nos testaments ne sont proprement que des codicilles
parce qu'ils ne sont pas capables d'institution et que l'héritier *ab intestat* doit demeurer saisi de la succession, il n'y a pas lieu de douter
qu'il ne puisse être chargé de fidéicommis et de toutes autres dispositions dont nos testaments sont capables. »

De même Pothier. *Traité des substitutions*, n° 103 :

« Nous pouvons aussi grever de substitution nos héritiers *ab intestat...,* » Enfin l'ordonnance de 1747 suppose formellement (titre II,
art. 1 et 2) que l'héritier légitime peut être grevé de substitution.

néant la libéralité faite au « donataire, à l'héritier
institué et au légataire », mais il ne saurait en être
de même pour l'héritier *ab intestat*, qui tient sa vocation de la loi elle-même : les biens lui reviendront
toujours de droit après l'annulation.

En résumé, toute la disposition est bien annulée
dans notre hypothèse, mais loin d'aboutir à détruire
la vocation légale de l'héritier, elle l'affranchit seulement de toute charge imposée par le testateur : il
viendra recueillir les biens comme appelé par la loi
exclusivement, c'est-à-dire comme s'il n'y avait pas
de testament (1).

Il est nécessaire enfin pour constituer la substitution, qu'il y ait dans la disposition à côté de la libéralité du grevé une autre libéralité faite au substitué, à l'institué. La personne du substitué doit donc
être clairement désignée par le disposant : un droit
ne pouvant être conféré à une personne incertaine.
On n'exige pas, toutefois, que le testateur ait expressément et individuellement désigné les personnes
gratifiées en second ordre, s'il n'y a pas de doute
sur leur individualité ; ce lui serait même impossible dans beaucoup de cas de désigner nominative-
ment les appelés, puisque les substitutions s'adressent souvent à des personnes non conçues : il suffit

1. Aubry et Rau, t. VII, p. 304, note 11. — M. Huc, t. VI, n° 18.
Demolombe, t. XVIII, n° 31. — Coin-Delisle, commentaire de l'ar-
ticle 896, n° 12.
Baudry-Lacantinerie et Colin, t. II, n°ˢ 3092 et 3092 *bis*.
M. Planiol, t. III, n° 3282.

donc que l'identité des appelés puisse être déterminée au moment de l'ouverture de la substitution.

Dans quelle limite le disposant peut-il s'en remettre au grevé du soin de déterminer les substitués ?
D'une façon générale, il ne peut y avoir substitution quand, tout en imposant au premier gratifié
l'obligation de rendre, le testateur lui laisse toute
liberté pour le choix du bénéficiaire de cette restitution. La faculté d'élire accordée au grevé peut, au
contraire, contenir une substitution prohibée, quand
son droit d'option est limité à une catégorie assez
restreinte de personnes, comme la famille du testateur (1).

En étudiant le système de la jurisprudence, nous
verrons le parti que les tribunaux ont su tirer de ce
caractère de la double transmission pour en faire le
critérium entre le double legs conditionnel alternatif et la substitution prohibée.

Deuxième caractère. — **La charge de conserver et de rendre.**

Ce deuxième caractère constitutif de la substitution
prohibée est le seul qu'indique l'article 896 (2) ; il est

---

1. Cass., 5 mars 1851, S. 1851.1.261.
Cass., 27 avril 1874, S. 1874.1.315.
Cass., 11 avril 1891, S. 1891.1.105.

2. Ce caractère n'est du reste pas spécial aux substitutions. Les dispositions conditionnelles présentent ce caractère commun aux substitutions, qu'il y a pour quiconque les détient *pendente conditione,*

très difficile de le séparer nettement du premier caractère que nous venons d'étudier : à vrai dire, l'un est la conséquence de l'autre, c'est pour assurer l'efficacité de la double disposition, que le testateur impose au grevé l'obligation de conserver, sans les aliéner, les biens donnés et de les rendre.

Le mot charge signifie ici « obligation juridique » ; en conséquence, une recommandation, un conseil, une prière, l'expression d'un simple vœu ou désir seraient absolument insuffisants pour établir une substitution (1).

Sans doute, il en était autrement en droit romain et dans l'ancien droit (2) à cause des principes, qui réglementaient notre matière : les substitutions étaient non seulement permises mais favorisées. Ces principes sont aujourd'hui inapplicables, et, quand le disposant, au lieu d'employer des termes impératifs, a simplement exprimé un désir ou une prière, on ne doit pas présumer de sa part la volonté d'enfreindre la prohibition légale. La jurisprudence ainsi que

l'obligation conditionnelle de conserver et de rendre les biens, qu y sont compris. Cela se discerne sans difficulté dans les legs sous condition suspensive, mais apparaît bien plus nettement encore dans les legs sous condition résolutoire, surtout si le même bien est légué à une personne sous condition résolutoire, et à une autre condition suspensive.

1. Cass., 5 juin 1899, D. 1899. 1.373. — Cass., 8 mai 1899, D. 1900.1.68 Cass., 14 juin 1899, D. 1900 1.353. — Poitiers, 2 juillet 1906. *La Loi*, 5 septembre 1906.

2. Voir cependant Ricard, *Traité des substitutions*, n° 312.

la doctrine (1) se prononce très nettement dans le sens de la validité des clauses précatives: elle s'en est même servie à maintes fois, comme nous le verrons plus loin, pour éluder la prohibition de l'article 896.

Cette obligation juridique de conserver et de rendre peut exister alors même que le disposant n'a pas employé la formule même de l'article 896. Si elle résulte nécessairement de la teneur de la disposition ou si celle-ci ne peut vraiment recevoir son exécution qu'à la condition que les biens donnés ou légués seront conservés et rendus, la prohibition s'applique, car les termes employés par la loi n'ont rien de sacramentel : il faut et il suffit que la volonté du testateur ou du donateur soit certaine (2).

Il n'y aurait pas de substitution si la charge de conserver se rencontrait seule dans la disposition, la charge de rendre étant absente. Cela se présente spécialement dans la clause d'inaliénabilité (3) im-

---

1. Troplong, *Donations*, I, n° 111. — Demolombe, XVIII, n° 142. — Aubry et Rau, VII, § 694, p. 306, note 17. — Huc, VI, n° 26. — M. Planiol, III, n° 3292. — Baudry et Colin, *Donations*, II, n° 3130. — Boissard, *Des substitutions*, thèse Dijon 1858, p. 252. — *Contra* : Duranton, VIII, n° 71 et Coin-Delisle.

2. Demolombe, XVIII, n° 156. — Aubry et Rau, VII, § 694, p. 307, note 18. — Huc, VI, n° 19. — Baudry et Colin, II, n° 3131.

3. Il ne s'agit ici que de la prohibition absolue et perpétuelle d'aliéner. Il n'y a pas lieu de se préoccuper de la prohibition temporaire et relative d'aliéner, qui ne peut jamais devenir une substitution ; car de deux choses l'une : ou bien elle a sa justification dans l'intérêt du donateur, du donataire ou d'un tiers, et alors elle est licite (Cas., 12 nov.

posée au légataire ou au donataire, quant aux biens faisant l'objet de la libéralité.

Une distinction est nécessaire pour résoudre cette question. La prohibition pure et simple d'aliéner un immeuble ne constitue pas une substitution prohibée ; en effet, cette clause est dépourvue de tout caractère obligatoire, nul ne peut obliger le légataire ou le donataire à l'observer, même si elle équivalait à une charge de conserver, elle n'impliquerait pas l'obligation juridique de rendre. Il n'y a pas d'appelé pouvant réclamer les biens au grevé : on ne peut y voir qu'une condition illicite atteinte par l'article 900 : c'est une condition, qui doit simplement être déclarée nulle comme contraire à l'ordre public (1).

Au contraire, si la prohibition d'aliéner est faite au profit d'une ou plusieurs personnes déterminées, il y a bien charge de conserver et de rendre : la subs-

1902, S. 1902 1.481 et la note. — M. Bartin. *Théorie des conditions impossibles, illicites ou contraires aux mœurs*, p. 172 et s.)'; ou bien elle n'a pas ces justifications, alors elle est illicite, c'est-à-dire qu'elle doit être réputée non écrite à moins toutefois qu'elle n'ait été la cause impulsive et déterminante de la libéralité, auquel cas la jurisprudence en vertu de son principe général d'interprétation de l'article 900 ne manquerait pas d'annuler la libéralité, tout entière (Cass., 8 mai 1901, S. 1902 1.8), on arrive au même résultat que si elle était annulée en vertu de l'article 896, mais ce n'est pas en la considérant comme entachée de substitution ; il lui manque pour cela un élément essentiel, la charge de rendre. Nous ne nous occuperons seulement de la prohibition absolue et perpétuelle d'aliéner.

1. Cass., 27 juin 1905, D. 1905.1.150 et les notes qui accompagnent l'arrêt.

titution prohibée existe alors et la disposition tout
entière est nulle.

Parmi ces clauses d'inaliénabilité absolue et perpétuelle, dont nous venons de voir la validité varier
selon leur étendue, rentre la défense faite au légataire
ou au donataire d'aliéner pendant sa vie les biens
donnés ou légués (1), c'est-à-dire la substitution fidéicommissaire.

On peut donc se demander quels sont les rapports
entre la prohibition perpétuelle et absolue d'aliéner,
et la substitution (2). Ces deux clauses se ressemblent
tellement « dans leur résultat économique qu'un œil
« non habitué à la pénombre des subtilités juridiques
« n'y saurait distinguer aucune nuance » ; en effet
que la disposition se présente sous l'apparence ordinaire de la substitution ou sous celle d'une défense
d'aliéner, c'est toujours un « élément mort » (3),
qui entre dans le patrimoine du donataire ou du
légataire ; c'est un même principe d'ordre public qui
est méconnu, celui de la libre circulation des biens :
dans les deux cas le bien donné est soumis à un statut d'indisponibilité.

1. Cass., 24 janv. 1899. S. 1900.1.342 et la note. — Cass., 16 février
1903, D. 1904.1.189.

2. Sur ce point voir : *Des clauses d'inaliénabilité dans les actes à
titre gratuit.* Legros, thèse Paris, 1909. — Bureau *op. cit.*, p. 86 et s.

3. Pilon, notes sous Cass., 16 février 1903, S.1903.1.401 et sous Limoges, 1900, S. 1903.2.273. — Comparez Berthélemy, note sous Cass., 10 février 1891., *Pand.*, 1891. 1.329. — Hermance : *Des dispositions conditionnelles qui échappent à la prohibition des substitutions*, thèse
Caen, 1892.

Pourquoi les résultats sont-ils différents ? Cela tient précisément à ce que tout en se ressemblant toujours quant à leur nature, la prohibition perpétuelle et absolue d'aliéner et la substitution diffèrent parfois quant à leur sanction. Faisant également obstacle à la libre circulation des biens, toutes deux sont des conditions illicites au même titre. Mais si, en principe, la prohibition absolue et perpétuelle d'aliéner, est d'après l'article 900 réputée non écrite, par exception lorsqu'à raison de certains caractères spéciaux elle prend le nom de substitution, on lui applique l'article 896 et on annule la disposition elle-même ; la substitution prohibée n'est pas autre chose, qu'une prohibition d'aliéner ayant sa sanction propre. Pour distinguer la prohibition d'aliéner sanctionnée par l'article 900 de celle sanctionnée par l'article 896, il faut faire la distinction indiquée précédemment. Cette distinction est fondée, elle s'appuie principalement sur les précédents historiques (1) et sur le but poursuivi par la loi.

Ce critérium sert bien à fixer la portée d'application de l'article 896 par rapport à l'article 900, mais nous ne saurions admettre qu'il puisse également être employé pour marquer le domaine de l'article 896 par rapport à d'autres textes, notamment à l'article 1040,

---

1. Pour les textes de l'ancien droit voir notamment : Thévenot, ch. 11, § 10. — Ricard. *Tr. des substitut.*, 1re partie, ch. 7, nos 329 et s. — Bourjon, *Droit commun de la France*, . 11, p. 164, n° 53. — Ferrière, *Dictionnaire de droit et de pratique*, verbo : *prohibition d'aliéner et substitution fidéicommissaire*.

comme le voudrait l'annotateur de l'arrêt de la Cour
de cassation du 16 février 1903 (1).

Une autre clause d'inaliénabilité, que l'on rencontre assez souvent, est celle de la prohibition d'aliéner
hors de la famille. Dans quels cas sera-t-elle considérée comme renfermant une substitution ? La distinction est plus délicate : c'est une question d'interprétation de l'intention du testateur, on doit rechercher quel est le bénéficiaire, car, à la différence de la
défense d'aliéner pure et simple « sa fin est de gratifier quelqu'un (2) ». Si, en imposant la charge, que
le bien reste dans la famille, le disposant n'a entendu
que formuler, sans y attacher d'autre importance, la
conséquence naturelle de la prohibition, qu'il édicte,
il n'y a pas d'appelé suffisamment déterminé pour
qu'il y ait charge de rendre et il n'y a pas de substitution. Mais il en serait autrement, s'il avait voulu
établir au profit de ses héritiers, de ses propres parents, une vocation à reprendre les biens en quelques
mains qu'ils aient passé : on serait alors en présence
d'une substitution.

Si le disposant a seulement limité la faculté d'aliéner du grevé en lui interdisant certains actes de dispositions, par exemple s'il lui a défendu de disposer
à titre gratuit, il n'y a pas de substitution, car le grevé
peut faire tous les actes qui ne lui sont pas interdits :
il n'y a pas, à vraiment parler, charge de conserver.

1. S. 1903.1.401.

2. Bourjon, t. II, p. 164, n° 53.

Inversement, si la charge de rendre se rencontre seule dans une disposition, la charge de conserver étant absente, elle ne peut constituer une substitution.

C'est la question de la validité du *fidéicommis de residuo* ou *de eo quod supererit :* c'est-à-dire de la disposition par laquelle une personne en charge une autre de rendre à une troisième ce qui lui restera des biens qu'elle lui donne ou qu'elle lui lègue.

Cette clause en droit romain constituait un véritable fidéicommis tacite parce qu'on ne permettait au grevé d'aliéner que dans une certaine mesure (à titre onéreux dans des cas déterminés *arbitrio boni viri*), qui par suite l'obligeait à conserver (1). Cette manière d'entendre le fidéicommis *de residuo* était généralement suivie dans notre ancienne jurisprudence française (2) où on le considérait comme une substitution.

Sans vouloir les exposer, il est bon de rappeler brièvement les différentes opinions émises sur sa validité dans le cours du xix* siècle.

Une première opinion enseigne qu'il faut déclarer nulle non seulement la disposition subsidiaire au profit du second gratifié, mais encore la disposition principale au profit du premier gratifié considérée alors comme entachée de substitution (3).

1. Digeste, 36.1. Loi 54 et 58, § 7.
2. Thévenot, nos 419-129. — Ricard, *Tr. des Subst.*, Ch. 12, n° 77.
3. Cotelle dans *Thémis,* n° 6, p. 32? — de Villargues dans Sirey 1819. 2.58 soutint cette opinion qu'il abandonna plus tard dans son traité n s 265 et s.

Dans une deuxième opinion, on distinguait : la disposition subsidiaire au profit du second gratifié est nulle, mais la disposition principale au profit du premier gratifié est maintenue (1).

La troisième opinion, qui est celle de la doctrine et de la jurisprudence actuelles, valide les deux dispositions principale et subsidiaire: il n'y a pas de substitution dans le fidéicommis *de residuo*, parce que s'il contient charge, d'ailleurs éventuelle, de rendre, il n'emporte pas charge de conserver : or, l'article 896 exige pour qu'il y ait substitution, la coexistence des deux obligations de conserver et de rendre (2).

Enfin, cette charge de conserver et de rendre devra s'appliquer aux mêmes biens : le grevé doit être obligé de rendre ce que le disposant lui a ordonné de conserver et non autre chose.

La charge imposée au premier bénéficiaire de remettre d'autres biens que ceux qu'il a reçus, peut se présenter de deux façons: ou elle porte sur un bien lui appartenant en propre ou elle a pour objet une somme d'argent, une chose fongible. Dans l'une et l'autre hypothèse, il n'y a pas de substitution (3) :

1. Demante, IV, n° 8 — De Villargues dans son *Traité des substitutions*, n° 268. — Meyer, *Thémis*, t. VI, p. 35 et suiv. — Colmet de Santerre IV, n° 8 *bis*. — Bertauld, *Questions pratiques et doctrinales du Code Napoléon*, t. I, n° 410.

2. Notamment: Cassation, 10 février 1897, D. 1897.1 519.

3. Dans l'ancien droit, à cause de la faveur dont jouissaient les substitutions, on était porté à considérer, comme telles, toutes les dis-

comment peut-on être chargé de rendre une chose qu'on a pas reçue? et de plus si le grevé doit remettre au second bénéficiaire une chose différente de celle qui lui a été donnée, il n'y a plus d'indisponibilité. La majorité de la doctrine et la jurisprudence sont aujourd'hui fixées en ce sens (1).

Troisième caractère. — **Trait de temps fixé au décès.**

On appelle trait de temps, en notre matière, l'intervalle qui doit exister entre l'ouverture du droit du grevé, et le moment, où l'appelé est admis à exercer le sien.

Remarquons, tout d'abord, que le trait de temps peut paraître se retrouver aussi dans le legs conditionnel : fait sous condition suspensive, celui-ci impose à l'héritier la charge de conserver *pendente conditione* et de rendre lors de son accomplissement ; il en est de même à plus forte raison si la condition est résolutoire.

Quelle sera donc la ligne de démarcation entre la substitution et ce genre de legs ? Question importante, puisque l'un est autorisé (art. 1040), l'autre est interdite (art. 896). Mais cette discussion délicate

positions qui avaient quelque similitude avec elles, ainsi : « Je puis substituer la chose même que je donne, mais j'ai aussi le droit de substituer autre chose ».

Voir : Paris, 2 novembre 1900. *Pandectes*, 1902.2.265, note 2 pour la bibliographie : (l'espèce soumise à la Cour visait le legs de titres de rente sur l'État avec obligation de faire emploi).

1. Laurent, XIV, n° 407 a soutenu l'opinion contraire,

sera exposée très longuement lorsque nous étudierons et discuterons le système jurisprudentiel.

L'inaliénabilité, conséquence de la charge de conserver et de rendre, indiquée par la loi, doit être prolongée jusqu'au décès du grevé, époque à laquelle est
reculée l'ouverture du droit de l'appelé, et où doit
s'opérer la restitution des biens : telle est la notion
complète du dernier élément de la substitution. En
d'autres termes, le trait de temps, qui sépare les deux
transmissions successives formant substitution, a
pour terme le décès du grevé. Cette époque doit être
la mort du grevé, circonstance qui a pour premier
effet l'éventualité de la charge, et pour deuxième
effet l'établissement d'un ordre successoral. Ce dernier élément n'est pas indiqué explicitement par l'article 896, mais tout le monde s'accorde à le reconnaître comme essentiel et indispensable dans la
substitution fidéicommissaire, qu'il sert à distinguer
des autres obligations de conserver et de rendre, re-
connues valables par d'autres textes.

Il est indispensable pour compléter la notion des
substitutions fidéicommissaires, telle que l'a transmise
aux rédacteurs du Code la tradition de l'ancien droit,
il découle de l'analyse juridique de l'acte même de
substitution et du rapprochement des textes concernant les substitutions permises, il répond aux dangers signalés par les orateurs du Tribunat dans les discussions du Conseil d'État et aux motifs qui devaient
entraîner la prohibition de l'article 896 ; il présente
seul, en outre, les inconvénients qui avaient amené

les restrictions et justifié les limitations des anciennes ordonnances, et qui ont fait proscrire cette institution par la loi du 14 novembre 1792 et par le Code
civil.

On ne saurait trop insister, en notre matière, sur
ce point qu'on s'en est rapporté en 1804 à la théorie
de l'ancien droit, à la conception alors courante sur
les substitutions. Nous avons montré, en recherchant
quelle était l'étendue de leur prohibition, le parti que
l'on peut tirer pour éclairer les textes réputés les plus
vagues, de la référence aux anciens usages (1).

Cette référence tacite à notre vieille jurisprudence,
explique que l'on ne soit pas entré dans de plus amples détails sur la nature et les éléments de cette
disposition : en employant les mots « charge de conserver et de rendre » les rédacteurs du Code ont certainement pensé que cette charge devait durer toute
la vie du grevé.

Un point est absolument incontestable : le nom de
fidéicommis était réservé dans l'ancien droit, de l'avis
général de tous les auteurs qui ont traité notre matière, aux substitutions qui ne devaient s'ouvrir que
par la mort du grevé. C'est aussi de cette manière
qu'on entendait, dans l'ancienne jurisprudence française, la charge indéterminée de rendre. Il était tellement de la nature des substitutions, que le grevé

1. Comme le fait remarquer M. Lambert, *De l'exhérédation*, n° 787 :
« Le Code civil à la suite de la loi de 1792 a prohibé la substitution
« autrefois autorisée : il n'a pas transformé pour cela le caractère tra
« ditionnel de ces sortes de dispositions. »

conservât les biens pendant sa vie, qu'il n'était pas besoin d'exprimer qu'il ne les rendrait qu'à sa mort.

« Dans notre usage, dit Thévenot, n°ˢ 919 et sui-
« vants, la condition de la mort du grevé n'a besoin
« d'être annoncée ni expressément ni même implicite-
« ment. Le grevé est présumé n'avoir été chargé de
« rendre qu'à sa mort, à moins qu'il n'y ait dans la
« substitution quelque terme ou quelque circonstance
« qui indique le contraire (1). »

Cette opinion est également celle de Ricard (2) :

1. Thévenot ajoute : « Notre usage habituel étant de ne substituer
« que pour le temps du décès du grevé, il est juste de croire que le
« substituant l'a entendu de la sorte, si le contraire n'est pas établi. »

« Quelle apparence en effet dans nos mœurs que quand un père aura dit : je fais mon fils légataire universel, et je substitue mes biens à ses enfants, il ait entendu obliger ce fils de rendre à ses enfants sur le champ, tellement que ce fils n'ait aucune jouissance des biens pendant sa vie ?

« Cela n'est nullement probable, lors même que la substitution est faite pour un étranger. Et dans ce cas même, la condition *cum moreretur* doit être présumée, d'après notre manière ordinaire de substituer.

« On est fondé à dire ici, avec les lois romaines elles-mêmes *vi ipsa conditio inest*. Sans cela le vœu du substituant serait certainement trompé parmi nous, dès qu'il n'a rien dit, qui marquât l'obligation de rendre aussitôt. » N°ˢ 919 et suivants.

Dans un autre passage, cet auteur est plus explicite encore : « Presque toutes nos substitutions sont conditionnelles, étant faites pour le cas de la mort du grevé... C'est pourquoi elles ne s'ouvrent, comme l'usage l'apprend à tout le monde, que lors de cette mort du grevé qui est la condition du fidéicommis. » N°ˢ 500 et 501.

2. Ricard, *Des substitutions directes et fidéicommissaires*, ch. 7, n° 21, aussi n° 7.

« Au reste, il faut observer que se voyant présente-
« ment peu de substitutions fidéicommissaires qui ne
« soient faites sous la condition de restituer seule-
« ment après la mort de ceux qui en sont chargés,
« cette condition se doit présumer plus facilement, de
« sorte qu'il faut moins de circonstances pour faire
« croire que l'intention du testateur n'a été d'obliger
« ceux au profit desquels les premières dispositions
« sont faites, de ne restituer qu'après leur décès le
« fidéicommis dont ils sont chargés, d'autant que cette
« explication est conforme à l'usage commun et pres-
« que général du temps présent... »

L'annotateur de Ricard, Bergier, approuve le passage précédent en ces termes : « Si nous connaissons
« encore des substitutions réputées pures et simples,
« qui s'ouvrent aussitôt que le grevé a recueilli, les
« institutions contractuelles à charge d'associer sont
« presque les seules dispositions qui puissent en
« fournir des exemples (1). »

Bourjon confirme cette manière de voir : « S'il n'y
« a pas de temps marqué pour la restitution de la
« substitution, le grevé doit avoir l'usufruit, et la
« restitution ne se fait qu'au moment de son décès (2). »

1. Bergier note sur Ricard, ch. 7, n° 21.

2. Bourjon, *Droit commun de la France*, t. II, n° 5, p. 155, de même
n° 1, p. 171 et n° 3, p. 370.

Voir dans le même sens, Furgole, *Traité des testaments*, t. III, ch. 7,
sect. 6, n° 18 et ch. 10, n° 6. — Domat (titre III, livre V, préambule).
Consulter encore l'ordonnance des substitutions de 1747 (préambule)
et Pothier *Traité des substitutions*, article préliminaire, n° 2.

C'est cet usage constant d'entendre en ce sens la charge de rendre (qui était suffisante dans l'ancienne jurisprudence pour établir ce qu'on appelait une substitution), qui l'a fait employer simplement et sans y ajouter « à la mort du donataire » dans l'article 896. Cette expression est ici d'autant moins équivoque, qu'elle est accompagnée de la charge de conserver, qui la détermine et qui est un des caractères exigés par le Code pour distinguer les substitutions prohibées de celles qui ne le sont pas.

Cette notion du trait de temps, fixé au décès du grevé, découle également de l'analyse de l'article 896 et du rapprochement des textes concernant les substitutions permises.

Elle est renfermée dans le texte même de l'article 896, qui édicte la prohibition. Cet article, dans lequel le législateur paraît s'être proposé de définir les substitutions, porte « toute disposition par laquelle le donataire, l'héritier institué ou le légataire sera chargé de conserver et de rendre à un tiers sera nulle...»

Or, de ce que la durée de cette charge de conserver n'est pas limitée, ne peut-on pas en induire qu'elle doit se prolonger jusqu'à la mort de celui à qui elle est imposée? A moins de vouloir ajouter à la loi pour limiter la durée de cette charge de conserver, on doit la reporter à la mort du bénéficiaire (1).

Cette interprétation devient absolument évidente

1. *Thémis*, I, p. 454.

et se trouve confirmée, si on rapproche de cet article, ceux qui n'en sont que les exceptions : l'article 897 excepte de la prohibition, les dispositions permises aux pères et mères, et aux frères et sœurs, au
chapitre 6 du même titre : c'est-à-dire dans les articles 1048 et 1049 dispositions, qui ne sont que des
exceptions à l'article 896. Or, nous lisons (art. 1048)
que les biens, dont les pères et mères ont la faculté
de disposer pourront être par eux donnés à un ou
plusieurs de leurs enfants « avec la charge de rendre
« ces biens aux enfants nés et à naître, au premier
« degré seulement des dits donataires. » Mêmes expressions, mot pour mot, dans l'article 1049 relatif
aux biens donnés à des frères et sœurs. Ces expressions « au premier degré seulement » indiquent clairement et sans équivoque, que la charge de rendre
est entendue dans ces deux articles, comme dans les
substitutions graduelles, de la charge de rendre à la
mort du donataire ou de l'institué.

Elle ne peut d'ailleurs s'accomplir qu'à ce moment,
puisque c'est aux enfants nés et à naître que la restitution doit être faite et que ce n'est qu'au décès
d'un individu, que l'on peut vérifier quels enfants
devaient lui naître. Ne peut-on pas alors dire que
l'exception prouve ou confirme la règle ?

Si l'on voulait encore en douter, le doute disparaîtrait en rappelant ce que disait Cambacérès au Conseil d'État dans la séance du 7 pluviôse an XI (1).

1. Fenet, XII, p. 264, 265 et 271.

Ce fut sur sa proposition, qu'on admit la substitution collatérale, en faveur des enfants de frères ou sœurs. « Pourquoi, disait-il, l'oncle ne pourrait-il pas, comme le père, pourvoir à ce qu'un neveu dissipateur n'enlevât pas sa succession à sa famille...? Les biens ne demeureraient pas longtemps hors du commerce puisqu'ils y rentreraient à la mort du premier héritier. » Treilhard, qui combattait cette proposition, disait que : « N'y eût-il qu'un degré, il faudrait néanmoins « nommer un curateur à la substitution et remplir tou- « tes les formalités prescrites pour les substitutions les « plus étendues. » Le Premier Consul, qui soutenait l'opinion de Cambacérès, dit : « Il ne s'agit pas de « rétablir les substitutions, telles qu'elles existaient « dans l'ancien droit... mais on propose seulement « la substitution du premier degré, c'est-à-dire, l'ap- « pel d'un individu après la mort d'un autre. » Ce fut sur cette proposition que le Conseil décida que la substitution du premier degré serait admise en ligne collatérale.

On peut affirmer, croyons-nous, que nulle part dans les travaux préparatoires, il n'est fait allusion à une clause, qui fixerait la restitution des biens à une autre époque que la mort du grevé.

La restitution du bien fixée au décès du grevé, présente seule les abus, que les orateurs signalèrent dans leurs discours pour demander la prohibition des substitutions.

Les lois doivent s'entendre, tant de leur esprit que de leurs termes, puisque c'est surtout à cet esprit qu'il faut s'attacher, si on veut les bien connaître.

Quels sont donc les motifs (1) qui ont fait réprouver les substitutions ? N'est-ce pas parce qu'elles plaçaient hors du commerce, pendant un long temps les biens qui en étaient l'objet, tellement que le grevé était réduit à la condition « d'un simple usufruitier » (2), n'est-ce pas parce qu'elles établissaient un ordre particulier de succession qui prenait la place de celui établi par la loi ? n'est-ce pas en un mot, parce que la transmission n'avait lieu qu'à la mort du grevé seulement? Ainsi que nous le verrons plus loin, cette prohibition a eu pour but d'empêcher l'établissement d'un ordre extra légal de succession et d'imposer le système du partage égal, dont le Code a fait la base fondamentale de tout notre régime successoral : pour cette raison encore, il faut que la substitution s'ouvre au moment de l'ouverture de la succession du grevé. Donc, cette circonstance est nécessaire pour qu'il y ait substitution dans le sens de la prohibition ; et l'intention du législateur à cet égard devient encore moins équivoque, lorsqu'on constate que, sans cette condition de la mort du grevé, il serait impossible de concevoir un véritable ordre successif tel que les anciens auteurs le comprenaient.

La condition de restitution au décès seule est mise à part, jugée dangereuse et prohibée, et nous ne

1. Pour les motifs de la prohibition voir IIIᵉ partie.
2. Fenet, XII, p. 279,

découvrons entre elle et toutes les autres, qui vont constituer de simples legs conditionnels qu'une différence : celle qui résulte de l'article 896 : celles-ci seront licites, la première ne le sera pas.

La prise en considération des développements précédents et l'interprétation de l'article 896 telle qu'on vient de la faire en s'appuyant sur les usages de l'ancienne jurisprudence, sur les discussions engagées au Conseil d'État, sur les motifs de la prohibition des substitutions, ne permettent pas de nier que la restitution en faveur de l'appelé doit s'opérer à la mort du grevé.

Tous les auteurs anciens et modernes (1) à l'exception de deux d'entre eux, sont d'accord à cet égard pour admettre que la charge de rendre les biens ne doit s'exécuter qu'à la mort du grevé.

Cependant Villequez et Demante (2) ont soutenu

1. Rolland de Villargues, ch. IV et V. — Merlin, *Répertoire*, v° *Substitution*, n° 6 — Pothier, *Tr. des substitutions*, section 6, n° 186. — Duranton, t. VIII, n°ˢ 77 à 81. — Coin-Delisle sur l'art. 896, n° 7 et s. — Grenier, observat. prélim. t. I, *Donat.*, p. 114 et s. — Demolombe, XVIII, n° 98. — Laurent, XIV, n°ˢ 449 et s. — Huc, VI, n° 19. — Aubry et Rau, VII, p. 694, p. 312 et 313. — M. Planiol, III, n°ˢ 3283 et 3284. — Baudry-Lacantinerie et Colin, *Donations*, t. II, n°ˢ 3136 et s.

2. Villequez dans la *Revue historique de droit français et étranger*, année 1863, p. 209 et s. — Demante dans *Thémis*, II, année 1820, p. 52 et s.

Sur quoi fondent-ils leur opinion ? Nous nous bornons à signaler leur raisonnement ; la réfutation s'impose d'elle-même, après ce que nous avons dit au texte. Demante répond ainsi à cette question : « Mais quel doit être ce trait de temps ? C'est sur quoi la loi ne « s'explique pas ; et par là même qu'elle garde le silence il en faut

qu'il pouvait y avoir substitution probibée quelle que
soit l'époque de la restitution ; pour eux le trait de
temps pourrait être quelconque et non pas exclusivement le décès du grevé.

La jurisprudence s'est fixée depuis longtemps dans
le sens de la doctrine. (1)

L'existence de ce troisième caractère est donc certaine, mais en pratique, il est souvent fort difficile de
reconnaître dans quels cas la charge de rendre se
trouve reportée au décès du grevé ; pas plus que
pour les deux autres éléments, il n'y a à cet égard
de termes sacramentels. C'est une question d'intention, une question de fait laissée à l'appréciation des
tribunaux : nous étudierons ce point en traitant de
l'interprétation des substitutions.

« nécessairement conclure qu'elle n'entend rien prescrire à cet égard
« et qu'elle prohibe également les dispositions à la charge de conser-
« ver pendant dix ans et celles à la charge de conserver pendant toute
« sa vie, le résultat, auquel on se trouve amené par les termes mêmes
« de la loi, n'est pas moins commandé par son esprit ». Puis pour
écarter les textes de l'ancien droit, il ajoute : « Qu'importe que l'usage
« habituel fût de ne substituer que pour le temps du décès du
« grevé ? Il n'en résulte nullement qu'on refusât le caractère de subs-
« titution à une disposition indicative d'une autre époque de restitu-
« tion, pourvu qu'on y retrouvât le *tractus temporis*. Il en résulte
« encore bien moins qu'on puisse lui refuser ce caractère sous l'em-
« pire du Code civil qui prohibe indistinctement les dispositions à la
« charge de conserver et de rendre. »

1. Notamment Colmar, 3 août 1819, D. *Repert. Substit.*, p. 42, note 1. —
S. 1820 2.34. — S. 1826.2.45. — Cass., 5 déc. 1865, D. 1866.1.36. — Cass.,
28 nov. 1871, D. 1872 1.55. — Cass., 23 déc. 1878, D. 1879.1.312. — Cass.,
15 avr. 1893, D. 1893. 1.256. — Cass., 16 avril 1894, D. 1894. 1.332. —
Cass., 17 février 1903, D., 1904.1.189.

Terminons ces développements sur le trait de temps
par la remarque suivante : cette nécessité de l'ouverture de la substitution par la mort du grevé nous
permet de caractériser dès à présent le droit de l'appelé : c'est un droit éventuel, analogue à un droit de
succession ; tant que le grevé est en vie « l'appelé
« n'a par rapport au bien substitué aucun droit formé,
« mais une simple espérance (1) ».

Ricard s'exprime à ce sujet dans un langage digne
d'être remarqué sous la plume de ce jurisconsulte :
« Le légataire, jusqu'à son échéance (de la condition
« qui suspend l'effet de la disposition) et son accom-
« plissement n'a qu'une espérance à la chose et la
« véritable propriété réside en la personne de l'hé-
« ritier : c'est ce que nous appelons *jus ad rem* et
« non *jus in re* ; un droit en herbe, s'il faut ainsi
« dire, un bouton qui peut produire un fruit ou
« s'évanouir entièrement, qui ne donne qu'un droit
« incertain au légataire, qui dépend de l'accomplis-
« sement de la condition, et qui laisse à l'héritier un
« droit acquis et présent (2). »

L'appelé n'aura des droits sur les biens légués, que
s'il survit au grevé : son droit est un droit conditionnel et c'est au décès de ce grevé qu'il faudra se
placer pour apprécier la capacité de l'appelé (3).

---

1. Pothier, VII, n° 174.

2. Ricard, t. II, ch. I, n° 12.

3. Voir sur ce point les développements qui seront donnés dans la
II° partie.

SECTION III

SANCTION DE LA PROHIBITION

L'article 896 renferme la sanction de la prohibition, qu'il édicte, dans son deuxième alinéa : « Toute « disposition par laquelle le donataire, l'héritier « institué ou le légataire, sera chargé de conser- « ver et de rendre à un tiers, sera nulle, même à « l'égard du donataire, de l'héritier institué ou du « légataire ». Les termes employés prouvent que le législateur entend bien frapper les deux libéralités, qui caractérisent la substitution : contrairement à ce qu'avait fait la loi du 14 novembre 1792, qui annulait uniquement la charge de conserver et de rendre, le Code annule non seulement la libéralité faite à l'appelé, qui seule pourtant a un caractère illicite, mais aussi la libéralité faite au grevé (institution, legs ou donation) en première ligne. Il y eut quelque hésitation au début (1), mais depuis fort longtemps l'application de cette double nullité est universellement admise.

La règle rigoureuse de l'article 896 est une innovation du Code, où d'ailleurs elle cadre assez mal avec la disposition de l'article 900, qui répute non écrites les conditions impossibles et illicites dans

---

1. Merlin, *Répertoire*, v⁰ *Substitution*, § 13, p. 78, et Cassation, arrêt du 18 janvier 1808, rapporté au *Dalloz Répertoire*, au mot *Substitution*, n⁰ 230, en note.

les actes à titre gratuit, et dont l'application ici eût
fait valider l'institution, seule la substitution étant
anéantie.

Pour la justifier, on invoque en général deux motifs particuliers aux substitutions : 1° la loi a voulu
assurer l'observation d'une prohibition que la pratique supporterait avec peine et contre laquelle on
lutterait opiniâtrément. Elle a voulu briser d'une
façon plus certaine toutes les résistances ou, selon
l'expression de Coin-Delisle, « couper les substitutions par la racine » ; elle a annulé la première libéralité, qui, isolée, serait valable, dans la crainte que,
par scrupule de conscience, le grevé se conformât
aux intentions du disposant (1) et exécutât la
deuxième libéralité. 2° Il y a une sorte d'indivisibi-
lité entre les deux parties de la disposition : si on
eût annulé la substitution seulement, on eût donné
à l'institution une plus grande portée que celle voulue par le disposant. Bien mieux, en présence d'une

---

1. C'est l'opinion soutenue par M. Bartin : « Le dessein du dispo-
« sant pouvait se réaliser en partie : le disposant ne pouvait en obte-
« nir qu'une copie imparfaite, qu'une épreuve après la lettre, mais il
« pouvait en obtenir une copie, une épreuve. Et, il était d'autant
« plus à craindre qu'il l'obtint du grevé, que la libéralité n'imposait
« à celui-ci la restitution qu'au moment de sa mort, c'est-à-dire à un
« moment où il était amené à la considérer comme un devoir strict et
« comme une obligation de conscience ». La sévérité de cette sanction enlève au disposant « tout espoir que la substitution pût s'accomplir par équivalent ».

Voir les longs développements que consacre M. Bartin, p. 320, 321
322, dans son ouvrage des *Conditions illicites*.

substitution, il est impossible de dire laquelle des deux dispositions est la principale ou l'accessoire, et à laquelle des deux leur auteur attachait le plus d'importance (1) : il y a deux dispositions principales et inséparables : on pourrait même considérer celle faite en premier ordre comme la charge de la deuxième. Dans l'ignorance où l'on est, sur le point de savoir quelle a été la disposition que le testateur considérait comme principale, il vaut mieux les annuler toutes deux : c'est là, sans doute, une étrange façon de respecter les intentions du *de cujus* (2).

A cause de la portée considérable de cette nullité, il faut se garder d'étendre la sphère d'application de l'article 896 ; on doit poser comme règle que la nullité ne frappera la disposition dans son entier, que si la substitution et l'institution ont un rapport entre elles, que si elles forment un tout indivisible : ainsi on ne déclarera point nul pour le tout un testament dont certaines clauses sont entachées de substitution tandis que les autres en sont exemptes : l'existence

1. Aubry et Rau, t. VII, p. 323, § 694, note 61.

2. Ce sont les raisons données par tous les auteurs. Toutefois M. Huc, t. VI, n° 27, appuie la solution de l'article 896 sur un principe juridique général. Toute charge ou condition illicite doit entraîner l'annulation absolue de la disposition qui la contient. Cette règle, appliquée aux contrats à titre onéreux par l'article 1172 est suivie, en matière d'actes à titre gratuit, tant par les articles 943, 946 que par l'article 896 et en réalité, en effet, il n'y a aucune bonne raison de distinguer. C'est donc l'article 900 qui constitue une exception d'ailleurs très discutable et motivée par des considérations d'ordre tout politique.

d'une substitution dans un acte n'entraîne pas la nullité de toutes les autres dispositions qui y sont contenues. Ce point est universellement reconnu (1).

De même, lorsque dans une disposition testamentaire contenant des legs de différents objets une substitution prohibée ne porte que sur un ou quelques-uns de ces objets, la clause n'est nulle qu'en ce qui concerne les objets sur lesquels porte la substitution (2).

Sans doute, il y aura des difficultés d'application en pratique : dans certaines hypothèses où il faudra se demander si l'on se trouve réellement en présence d'une disposition unique et indivisible, c'est-à-dire infectée pour le tout par la substitution ou au contraire de dispositions distinctes et indépendantes parmi lesquelles seules seront frappées de nullité celles qui seront entachées de substitution : ce sera aux tribunaux à trancher ces questions d'interprétation.

Quelle est la nature de cette nullité ? Les discussions qui ont précédé le vote de l'article 896 nous montrent que la prohibition des substitutions est absolue et d'ordre public ; le même caractère s'atta-

---

1. Notamment Alger, 2 février 1900, D. 1901.2.446. — Poitiers, 18 janvier 1904, D. 1905.2.211. — Cependant Merlin cite un arrêt, qui a annulé tout un testament dont certaines clauses seulement étaient entachées de substitution. Merlin, t. XIII, p. 85.

2. Marcadé, t. III, sur l'art. 896, n° 8. Coin-Delisle sur 896, n° 44 et Meyer dans *Thémis*, t. V, p. 35 soutiennent que la nullité doit être totale et s'étendre à toute la disposition testamentaire.

che à la nullité, qui en est la sanction ; à vrai dire les dispositions faites au mépris de l'article 896 sont plus qu'annulables, elles sont inexistantes ou du moins nulles d'une nullité absolue (1) : la nullité affecte d'une façon identique et la libéralité adressée à l'appelé et celle faite au grevé.

Nombreuses sont les conséquences qui découlent du caractère de cette nullité (2) : il ne peut être question ni de confirmation ou de ratification, ni de transaction sur une disposition entachée de substitution ; la clause pénale que le testateur a pu édicter contre ceux qui attaqueraient le testament se trouve également nulle (3).

Cependant la règle de l'article 896 ne trouve pas toujours son application : par exemple au cas où le grevé est en même temps héritier *ab intestat* du disposant ; la nullité de la substitution n'a alors d'autre effet, quand l'héritier est le grevé, que de l'affranchir de restituer, et, s'il joue le rôle d'appelé, de lui faire recueillir les biens de suite : la prohibition légale ne va pas, en pareille hypothèse, jusqu'à supprimer les droits de l'héritier en appelant un héritier plus éloigné à profiter de la nullité de la substitution.

1. Aubry et Rau, VII, § 694, p. 327. — Huc, VI, n° 30. — M. Planiol, n° 3287. — Baudry et Colin, t. II, n° 3182.

2. Pour les développements que mériterait cette question, voir la thèse de Honnart, p. 101 et s.

3. Cette clause, qui n'est inspirée que « par un esprit d'arrogance, déclare Ricard au n° 754, qui n'a d'autre but que de détruire la loi » est nulle ici aux termes de l'article 1227 du Code civil : « La nullité de l'obligation principale entraîne celle de la clause pénale ».

Le caractère d'ordre public de la nullité n'est pas non plus tel que les tribunaux puissent la prononcer d'office en dehors de toute demande en ce sens de la part des intéressés.

Conformément aux règles générales du droit, celui-là seul peut invoquer la nullité, qui y a un intérêt né et actuel : en principe et aux termes mêmes de l'article 896, c'est l'héritier légitime du disposant, qui est seul appelé à profiter de la nullité, et qui peut dès lors s'en prévaloir.

Cette solution ne saurait faire de difficultés toutes les fois, que la nullité est de faire retomber les biens grevés dans la succession *ab intestat ;* il en est ainsi quand l'héritier légitime ne trouve en face de lui que des légataires particuliers ou des légataires à titre universel comme grevés de substitution ou encore un légataire universel tenu de restituer à un autre légataire universel.

La difficulté se présente dans le cas où la charge de conserver et de rendre imposée au légataire universel porte non plus sur la totalité ou une quote-part de la succession, mais sur un objet déterminé compris dans l'institution. La nullité de la substitution profitera-t-elle en cette hypothèse encore à l'héritier légitime qui aura dès lors qualité pour l'invoquer ? Non, dit-on, dans une première opinion (1) ; c'est alors au légataire universel qu'appartiennent l'exercice

1. Demolombe, XVIII, n° 191. — Labbé, *Journal du Palais*, 1863, p.225. — Bertauld, t. 1, n° 478 et s. — Lambert, *De l'exhérédation*, p. 203 et s. — M. Planiol incline aussi vers cette théorie, t. III, n° 3289.

et le bénéfice de l'action en nullité. Mais la jurisprudence depuis 1863 et beaucoup d'auteurs (1) se sont prononcés en faveur de l'opinion contraire : ils décident que l'héritier du sang a le droit d'invoquer la nullité de la disposition et peut seul en profiter (2).

1. Aubry et Rau, t. VII, § 694, p. 327, note 12. — Huc, t. VI, n° 31 *bis*. — Demante et Colmet de Santerre, III, n° 10 *bis*, V. — Baudry et Colin, t. 2, n° 3206.

2. Nous nous bornons à signaler cette controverse ; les arguments ont été développés et discutés très longuement dans la thèse d'Honnart, p. 113-121.

CHAPITRE III

Interprétation de l'article 896
par la jurisprudence.

SECTION I

RÈGLE D'INTERPRÉTATION ADMISE
PAR LA JURISPRUDENCE

Une remarque fort importante s'impose avant d'entrer dans de plus amples explications : si pour rechercher les caractères et la définition même des substitutions fidéicommissaires, on doit se servir des règles et des usages de l'ancienne jurisprudence, il ne peut plus être question de s'y reporter pour les règles d'interprétation; celles jadis admises doivent être écartées aujourd'hui, nous devons même aboutir à des résultats contraires à ceux qu'en tiraient nos anciens jurisconsultes. Cela vient de ce que les substitutions autrefois permises sont aujourd'hui prohibées, il était naturel que sous un régime, qui favorisait même les « fidéicommis » on en reconnût volontiers les caractères dans toutes les dispositions à titre gratuit.

Maintenant, le juge doit, au contraire, se montrer

très exigeant et éviter, dans la mesure du possible,
l'application de l'article 896, dont le résultat serait
la nullité complète de la disposition : il est en effet
logique de supposer que le disposant a entendu faire
un acte valable. Il ne faut donc pas s'étonner que
certaines dispositions, qui étaient jadis regardées
comme des substitutions, ne le soient plus aujour-
d'hui.

L'interprétation des dispositions entachées de substitution rentre sans aucun doute dans l'office du juge
du fond : c'est une question de fait à examiner. On
doit rechercher quelle a été l'intention du disposant,
ce sera donc à cette recherche que devra tout d'a-
bord se reporter le juge. Il devra rechercher ce qu'a
voulu le disposant et si sa volonté est contraire à la
loi, si la disposition telle qu'il a entendu la faire,
contient les éléments de la substitution prohibée, il
devra en prononcer la nullité (1).

A quels éléments le juge recourra-t-il pour dégager l'intention véritable du disposant ? Les termes
de la disposition constituent le facteur principal, que
les juges doivent prendre en considération ; si les
termes sont clairs et précis, alors aucune difficulté,
l'article 896 sera appliqué. Mais rarement il en sera
ainsi, le plus souvent les expressions seront ambi-
guës, elles prêteront à double sens, parfois même
auront une tournure frauduleuse et tendront par leur

1. Cass., 18 décembre 1900. D. 1901.1.121. — Tribunal civil d'Au-
busson, 4 juillet 1899, D. 1902.2.281. — Cass., 6 mars 1905, D. 1905.1.450.
— Cass., 22 avril 1907, D. 1907.1.291.

seule signification à faire écarter toute idée de substitution. Le juge devra bien se garder de s'en tenir
exclusivement aux termes employés par le testateur (1), mais au contraire il recherchera le sens de
l'ensemble de la disposition (2) et il combinera entre
elles les différentes parties dont elle peut se compo-
ser. Une même formule sera à bon droit interprétée de
deux manières différentes suivant le sens que dans
chaque espèce, le contexte du testament ou les circonstances spéciales de la cause lui donneront.

La disposition peut s'interpréter dans deux sens
différents, et, le juge ne parvient pas à découvrir
quelle fut l'intention du testateur : il y a doute invincible, dans quel sens devra-t-on se prononcer?

La règle d'interprétation à appliquer ici, n'est autre que le vieil adage des jurisconsultes romains :
*actus intelligendi sunt potius ut valeant quam ut
pereant* (3) et que reproduit l'article 1157 de notre

---

1. « Ce n'est pas sur les mots, mais sur les choses seulement que
« porte la prohibition générale de substituer ; en conséquence, une
« disposition dont l'exécution entraînerait les effets d'une substitu-
« tion n'en serait pas moins prohibée et nulle, alors même qu'on au-
« rait voulu la déguiser sous une autre dénomination. »
Proudhon, *De l'Usufruit*, n° 440. — De même Villargues, n° 116. —
Coin-Delisle sur l'art. 896, n° 35. — Troplong, n° 117.

2.Toutefois le juge ne peut,dans ce but, recourir à l'examen d'actes
étrangers au testament, la charge de conserver et de rendre ne doit
pas être établie par des moyens extrinsèques, c'est-à-dire pris en
dehors du testament lui-même. Quelques arrêts soutiennent l'opinion
contraire, principalement : Riom, 30 mai 1881, D. 1882.2.4.

3. Cet adage provient de plusieurs textes du Digeste, D. 45 *De ver-
borum significatione* 1.80 et D. 34,*De rebus dubiis* 5.12,ce dernier est

Code civil : « Lorsqu'une clause est susceptible de
« deux sens, on doit plutôt l'entendre dans celui avec
« lequel elle peut avoir quelque effet, que dans le
« sens avec lequel elle n'en pourrait produire aucun »
cet article écrit au chapitre « des effets des obligations »
c'est-à-dire en matière de conventions, s'applique
également à tous les actes juridiques quels qu'ils
soient. L'application de cette règle s'impose en notre
matière d'autant plus que la violation de la prohibition
des substitutions emporte la nullité non seulement
de la deuxième libéralité, mais de la première aussi,
et qu'on ne peut présumer chez le donateur ou le
testateur, la volonté de faire une disposition absolument nulle en violant la loi.

Toutefois cette règle de l'article 1157 n'est que subsidiaire : elle recevra son application uniquement
quand malgré tous leurs efforts et leurs recherches,
les juges du fait ne seront pas parvenus à déterminer
les intentions du disposant ; il faut, comme l'a dit
Coin-Delisle, qu'il y ait « un doute véritable et non
systématique » (1). Autrement ce serait consacrer le
système non moins abusif des validations forcées. En
réalité et avant tout, ce qu'il faut rechercher c'est la
volonté du disposant, pour l'annuler si elle est contraire à la loi ; or « s'il suffit qu'il soit possible d'in-
« terpréter l'acte en un sens qui ne contienne pas de

---

ainsi conçu : *quotiens in actionibus aut in exceptionibus ambigua
oratio est commodissimum est id accipi, quo res de qua agitur magis
valeat quam pereat.*

1. Coin-Delisle sur l'art. 896, no 41.

« substitution prohibée, il n'y aura plus de substitu-
« tion prohibée ; on trouvera toujours des doutes et
« on se prévaudra toujours de la maxime qu'en cas
« de doute, il faut maintenir l'acte (1) » on en arrive-
rait sans grand effort à valider des dispositions, où
la volonté de substituer est flagrante.

Une tendance, que la jurisprudence et les auteurs
condamnent aujourd'hui, s'était autrefois manifestée :
elle consistait à soutenir, avec Toullier (2), qu'en général il n'y a substitution prohibée dans le sens de
l'article 896 qu'autant que la disposition ne peut être
interprétée d'aucune autre manière ; cela revenait à
dire que la volonté de substituer devait être expresse.
La Cour de cassation employa elle-même, pendant
un certain temps, de semblables formules et jugea
que dans une clause attaquée comme renfermant une
substitution prohibée si l'obligation de conserver et
de rendre n'était pas littéralement exprimée, le doute
devait s'interpréter en faveur de la disposition (3).

La Cour de cassation revint vite à un mode d'interprétation beaucoup plus en rapport avec l'esprit
de la loi. Dans un arrêt du 4 décembre 1865 elle mo-
tivait ainsi sa décision : « l'ambiguïté d'une clause

---

1. Laurent, XIV, n° 489. — De même Aubry et Rau, VII, § 694, p. 317,
note 44. — Demolombe, XVIII, n° 169. — Huc, VI, n° 34. — Baudry et
Colin, II, n° 3177.

2. Toullier, t. V, n° 44.

3. Cass., 5 juillet 1832, S. 1832.1.430.
    Cass., 23 juillet 1834, S. 1834.1.577.
    Cass., 14 juin 1865, S. 1865.1.437.

« qui présente au premier abord deux sens différents
« n'autorise le juge à admettre l'interprétation favo-
« rable à la validité de l'acte, qu'autant que le doute
« résultant de cette ambiguïté est invincible et résiste
« à tous les efforts de l'interprétation (1). »

La jurisprudence n'a pas changé depuis (2).

Les juges devront recourir à la maxime *potius valeant quam pereant* (3) seulement quand ils n'auront
pu dégager l'intention du disposant, car ils ne doivent
pas maintenir et chercher à valider une disposition,
qui a pour objet de violer une loi d'ordre public (4).

Nous verrons bientôt toute l'élasticité et toute l'extension que les tribunaux ont données à cette formule, spécialement en étudiant la théorie du double

1. Cass., 4 décembre 1865, D. 1866.1 38.

2. Cass , 16 mars 1875, S. 1875.1.150. — Cass., 26 avril 1875, S.
1875.1.415. — Cass., 6 février 1889, S 1889 1.454. — Cass., 10 février
1891, S. 1891.1.105. — Cass., 2 février 1892, S. 1892.1.341. — Cass.,
10 nov. 1896, S. 1897.1.321. — Limoges, 28 avril 1899, S. 1899.2.266.
— Cass., 18 décembre 1900, D. 1901.1.121. — Cass., 7 mai 1900, D.
1900.1.379. — Cass., 10 nov. 1902, S. 1903.1.311. — Civ., 6 mars 1905,
D. 1905.1.450. — Req., 27 juin 1905, D 1906.1 120. — Cass., 10 déc ,
1906, S. 1907.1.223. — Civ., 22 avril 1907, D. 1907.1.291. — Cass.
24 juin 1908, D. 1908.1.477.

3. Comparez ce que dit Merlin (*Répertoire*, v° *Substitution fidéicommissaire*) sur la maxime *potius valeant quam pereant* : « Le testateur
« n'est pas censé avoir voulu faire ce que la loi lui défendait et encore
« moins ce qui aurait entraîné l'anéantissement de sa disposition prin-
« cipale. »

4. Quelques arrêts ont validé des dispositions où l'intention du testateur était manifeste et n'avait d'autre but que violer la prohibition
de l'article 896 : le plus caractéristique est celui de Limoges, 27 février 1900, S. 1903.2.273.

legs conditionnel nous nous rendrons compte de
l'usage très large, qu'ils ont fait de leur pouvoir d'appréciation, et nous espérons montrer à la fin de ce
travail quels ont été les motifs qui ont poussé la
jurisprudence dans une voie aussi libérale et aussi
favorable pour les testateurs.

Quant à l'étendue du pouvoir d'interprétation reconnue en pareille matière aux tribunaux, ou si l'on
préfère, quant au droit de contrôle de la Cour de
cassation sur leurs décisions, on doit revenir aux
règles fondamentales de notre droit. L'arrêt du 4 décembre 1865 les rappelle en proclamant le droit de
contrôle de la Cour de cassation sur les appréciations
que les juges ont faites des clauses mêmes de l'acte,
et sur les conséquences juridiques qu'ils en ont tirées.
Mais « ce droit ne va pas jusqu'à s'exercer sur l'in-
« tention du testateur, affirmée par les juges du
« fond » (1) pourvu seulement que leur affirmation
ne soit pas en contradiction avec les termes de l'acte
et les conséquences légales, qui en découlent. Cela
revient à faire la distinction habituelle, à rechercher
si les juges ont eu à trancher une question de fait
ou une question de droit (2).

Il y a question de droit, lorsque les dispositions litigieuses ayant tels caractères connus, il s'agit de décider si ces caractères constants sont ou non suffisants
pour donner lieu à une substitution. Au contraire, si les
juges se bornent à constater ou non l'existence des

1. Cass., 4 décembre 1865, D. 1886.1.38.
2. Sur ce point voir la note de Ch. Beudant du D. 1869.2.121.

dispositions, d'où on prétend faire résulter la substitution prohibée, sans en tirer la conséquence que ces dispositio ns rentrent sous l'application de l'article 896, ils n'auront décidé qu'un point de fait rentrant souverainement dans leur domaine, et la Cour de cassation ne pourra pas casser leur jugement.

Un arrêt déjà ancien (1) définit avec beaucoup de clarté le rôle de la Cour suprême en cette matière : « Il lui appartient, affirme cette décision, d'examiner « les termes des actes pour voir s'ils constituent une « substitution prohibée ; mais elle ne doit pas entrer « dans la discussion des faits sur lesquels le juge « s'est fondé pour rechercher en cas de doute quelle « avait été l'intention du testateur, et reviser l'affir- « mation du premier juge sur ce point, quand elle « n'est pas formellement démontrée par les faits. »

En résumé donc, le droit de contrôle de la Cour de cassation s'exerce sur les appréciations des clauses d'un acte, que les juges ont faites et sur les conséquences juridiques, qu'ils en ont tirées, mais jamais sur l'appréciation des intentions du testateur ou donateur (2).

1. Cass., 3 mai 1869, D. 1869.1.254.

2. Parmi les derniers arrêts de la Cour de cassation :

8 avril 1872, D. 1873.1.69. — 27 avril 1874, D. 1875.1.13. — 14 juin 1876, D. 1878.1.341. — 5 janvier 1887, D. 1887.1.186. — 10 février 1891, D. 1891.1.294. — 7 mai 1900, D. 00. 1.379. — 6 mars 1905, D. 1905 1 450.

Les auteurs soutiennent l'opinion de la jurisprudence :

Aubry et Rau, t. VII, § 694, p. 322, notes 57 et s. — Demolombe, t. XVIII, n° 171. — Huc, t. VI, n° 13. — Baudry et Colin, t. II, n° 3176.

SECTION II

APPLICATIONS ET CONSÉQUENCES DE CETTE INTERPRÉTA-
TION. — DIVERS PROCÉDÉS ADMIS PAR LA JURISPRU-
DENCE POUR TOURNER L'ARTICLE 896.

Le Code, par l'article 896, apporte une grave dérogation au droit du propriétaire de disposer de
sa chose et de réglementer la dévolution de ses biens :
les testateurs ne purent plus donner une influence
souveraine à leurs volontés sur les générations pos-
térieures, ni faire profiter qui bon leur semblait de
leurs libéralités, aussi cherchèrent-ils à éluder cette
nouvelle restriction de la liberté de tester.

La pratique imagina d'habiles subtilités de rédaction, qui permirent de restreindre et même de tourner cette prohibition du Code, rendue alors nécessaire pour faire triompher les principes d'égalité en
matière de succession et de partage.

La jurisprudence facilita beaucoup l'œuvre des praticiens par le pouvoir d'interprétation, qu'elle se
reconnut bientôt et dont elle abusa même en donnant
libre cours à son désir de validation forcée des dispositions de ce genre. Les juges se sont efforcés (1)
et ont réussi, le plus souvent, à établir qu'il y avait

1. Il est permis de croire qu'ils ne rencontrèrent pas de sérieuses
difficultés car, ainsi que le fait remarquer Laurent : « Quand on est à
la recherche de motifs de douter, il est rare que l'on n'en trouve
pas. » Laurent, t. XIV, n° 488.

doute, sur l'intention du disposant de façon à appliquer la règle chère à la jurisprudence *potius ut valeat quam ut pereat.*

Les procédés employés peuvent se ranger, suivant leurs effets, en deux grandes catégories. Les uns tendent seulement à restreindre les effets de l'article 896 § 2, à appliquer simplement à la disposition attaquée la sanction de la loi du 14 novembre 1792, c'est-à-dire à maintenir l'institution tout en sacrifiant la substitution elle-même. Les autres ont pour but de tout valider, institution et substitution, d'assurer le maintien de la disposition entière et d'écarter ainsi complètement la prohibition édictée par le Code.

Nous n'entrerons pas dans l'exposé détaillé de ces différents procédés (1) : ce serait sortir de notre sujet. Toutefois, nous ne pouvons les passer sous silence, nous nous bornerons à les rappeler brièvement afin de mieux nous rendre compte de l'évolution de la jurisprudence et de l'ensemble des modifications que subit dans son application, depuis la promulgation du Code, l'article 896.

§. — Tout d'abord on commença par donner une grande extension à la théorie du vœu. En étudiant les éléments de la substitution nous avons vu que la charge de conserver et de rendre doit être imposée d'une manière impérative et obligatoire au grevé (2).

---

1. Ces procédés sont étudiés d'une manière très détaillée dans : Honnart, thèse Paris 1902, p. 166 à 213 et dans Bouvier, thèse Lyon 1909, p. 25 à 165.

2. *Supra*, p. 31.

Il s'ensuit que si le disposant a engagé seulement le bénéficiaire à disposer des biens donnés en faveur d'une tierce personne, il n'y a pas de substitution : la prière, le vœu, le désir ou le conseil exprimés par le disposant, même la recommandation faite par lui, fût-elle expresse, ne suffisent pas ; ils entraînent à la charge du gratifié non une obligation juridique, mais une obligation de conscience et la loi n'a jamais été chargée de faire respecter et exécuter les obligations de conscience (1).

Il faut, pour qu'il y ait substitution, que les termes employés soient tels qu'il en résulterait, si l'article 896 n'annulait pas la disposition entière, une obligation pour le grevé et un droit pour l'appelé.

On a fait ici un abus de la recherche de l'intention du disposant par l'ensemble des clauses de la donation ou du testament : les arrêts ont reconnu qu'il y a simple vœu dans des cas où les termes des testaments ne s'y prêtaient pas facilement (2).

La jurisprudence transforme ainsi une substitution en un fidéicommis sans obligation juridique et si « elle supprime par là toute garantie en faveur des « appelés, elle leur laisse au moins une chance « de profiter de la substitution et de plus, elle

1. A propos de la théorie du vœu, rappelons cette observation de d'Aguesseau (37e plaidoyer) « on peut dire des testateurs ce qu'on di· « sait autrefois des rois, qu'ils commandent quand ils prient. »

2. On peut citer notamment :

Cassat., 14 juillet 1865, S. 1866.1.59. — Cassat., 16 mars 1875, S 1875.1.150 — Cass., 26 juin 1882, S. 1882.1.403. — Cassat., 14 juin 1899, S. 1900 1.353. — Poitiers, 2 juillet 1906, La Loi, 5 sept. 1906.

« rend valable la libéralité en première ligne (1). »

§. — Pour sauver également l'institution, la jurisprudence eut recours à l'article 951. Cet article permet la stipulation d'une clause de retour pour le
donateur au cas de prédécès du donataire ou bien du
donataire et de ses descendants. Pour éviter l'application de l'article 896 et la nullité de la disposition
tout entière, il fallait pouvoir l'interpréter, comme
contenant une stipulation de retour au profit d'une
personne autre que le disposant, ce qui est interdit
sans doute par l'article 951, mais cette interdiction
n'entraînera la nullité que de la clause de retour, de
la substitution seule, comme clause illicite suivant
l'article 900, et laissera subsister l'institution.

Cependant, la stipulation d'un droit de retour au
profit d'un autre que le donateur n'est pas toujours
réputée non écrite par la jurisprudence, et, quelquefois elle voit dans la donation, contenant une pareille
clause, une substitution prohibée. Plusieurs hypothèses peuvent se présenter : le disposant peut très bien
avoir stipulé le retour au profit de lui-même et de
ses héritiers, ou bien au profit de ses héritiers seuls,
ou bien encore au profit de lui-même et d'un tiers
ou au profit de ce tiers seul Il faudrait examiner ces
quatre situations qui peuvent renfermer une substitution, mais le cadre de notre étude ne nous le permet pas (2).

§. — La jurisprudence interprète aussi la charge de

1. Planiol, III, n° 3292.
2. Voir Bouvier, *loc. cit.*, p. 74 à 91 et les arrêts rapportés.

conserver et de rendre comme une simple clause d'inaliénabilité de façon à lui appliquer seulement l'article 900, c'est-à-dire à considérer la clause comme non écrite et à valider ainsi la disposition elle-même.

Nous avons vu (1) que la défense absolue et perpétuelle d'aliéner faite au légataire ou au donataire, peut être considérée, suivant les cas, soit comme constituant une substitution prohibée, soit comme une condition illicite tombant sous l'article 900 : cette clause d'inaliénabilité n'équivaut à une substitution que lorsqu'elle est imposée dans l'intérêt de certaines personnes désignées pour recueillir le bénéfice de la disposition. La jurisprudence a parfois traité une telle clause comme s'il s'agissait d'une clause d'inaliénabilité pure et simple, et lui a appliqué l'article 900.

Par l'emploi de ces procédés, on pouvait éviter la nullité complète de la donation ou du testament. Mais on ne pouvait cependant pas maintenir les deux dispositions successives: l'institution et la substitution; cette dernière se trouve sans effets à moins que le premier institué ne fasse une nouvelle disposition en faveur du deuxième. Avec les autres procédés, soit que les donateurs ou les testateurs les stipulent eux-mêmes, soit que les tribunaux interprètent la volonté de ceux-ci dans ce sens, on parvient à faire exécuter les deux dispositions, à produire les mêmes effets que la substitution, à donner un droit au substitué et le tout sans courir le risque de la nullité édictée

1. *Supra*, p. 32 et s.

par l'article 896, pourvu, toutefois, que l'on reste dans les termes de l'article 906, c'est-à-dire que l'on ne gratifie que des personnes déjà conçues au moment de la donation ou du décès du testateur.

§. — Grâce à sa règle d'interprétation, la jurisprudence valide la disposition que notre ancien droit appelait « substitution compendieuse ». Cette disposition était ainsi qualifiée parce que, rédigée en termes obscurs et abrégés, elle pouvait être considérée, soit comme une substitution vulgaire, soit comme une substitution fidéicommissaire. Par exemple : supposons qu'un testateur ait dit : « Je lègue tous mes « biens à Primus et, en cas de décès, je les lègue à « Secundus ». C'est une substitution compendieuse : le testateur, en effet, a pu envisager le cas où Primus décéderait après avoir recueilli, et alors il y a substitution fidéicommissaire, mais il a pu aussi prévoir seulement l'hypothèse où Primus mourrait avant lui, testateur, auquel cas il n'y a qu'une substitution vulgaire puisqu'il n'y a qu'une seule libéralité, Primus ne pouvant recueillir à la mort du disposant.

Profitant du simple doute qui peut exister sur l'intention véritable du disposant, la jurisprudence ne se borna pas à valider des testaments (qui contenaient manifestement des substitions fidéicommissaires), quand l'institué ou le grevé étaient morts avant le testateur (1), c'est-à-dire quand la condition

1. Paris, 19 juillet 1870, S. 1871.2.69. — Cassat., 19 mars 1873, S. 1874.1.5. — Cass., 9 août 1882, S. 1882.1.58. — Voyez Bureau, *loc. cit.*, p. 105 à 116.

insérée dans le legs s'était réalisée du vivant de ce
dernier : cas où il ne reste plus qu'une seule disposition, semblable en tous points à une substitution
vulgaire. Elle alla parfois plus loin, et admit que des
dispositions qui pourraient être interprétées comme
des substitutions fidéicommissaires sont valables
comme substitutions vulgaires, alors même que l'on
est sûr que la condition dont dépend l'attribution des
biens à l'un ou à l'autre des légataires, ne s'accom-
plira qu'après le décès du testateur (1).

§. — Le procédé de la théorie de l'accroissement se
rapproche beaucoup du précédent, dont il dérive
même. Le Code civil donne dans les articles 1044 et
1045 la définition de l'accroissement : « Il y aura lieu
« à accroissement au profit des légataires dans le cas
« où le legs sera fait à plusieurs conjointement. Le
« legs sera réputé fait conjointement, lorsqu'il le sera
« par une seule et même disposition, et que le testa-
« teur n'aura pas assigné la part de chacun des coléga-
« taires dans la chose léguée » et l'article 1045 ajoute :
« Il sera encore réputé fait conjointement, quand une
« chose, qui n'est pas susceptible d'être divisée sans
« détérioration, aura été donnée par le même acte à
« plusieurs personnes, même séparément. »

Il est très facile d'établir théoriquement la différence essentielle qui sépare la substitution prohibée
du droit d'accroissement (2).

1. Cass., 8 févr. 1869, D. 1870.1.13. — Cass., 4 janvier 1876, S. 1876.
1.28. — Cass., 23 décembre 1878, S. 1879.1.399.

2. Bornons-nous à citer, Paris, 21 janvier 1909, *Le Droit*, 26 juin 1909.

Dans tout fidéicommis, il existe deux personnes appelées à recueillir successivement le même bien, dans le droit d'accroissement, au contraire, il existe deux personnes qui sont appelées, en même temps, à recueillir la même libéralité; l'une vient-elle à défaillir, l'autre profitera de sa part, qu'elle ajoutera à la sienne, mais jamais l'un des colégataires conjoints ne pourra s'emparer des biens dont l'autre sera déjà entré en possession. Au premier cas, il y a deux libéralités successives, au deuxième des libéralités conjointes.

Pratiquement, le plus souvent, la question est délicate à raison des termes ambigus employés par le disposant et à raison aussi des difficultés qu'on peut avoir à dégager sa volonté. Il est de toute évidence qu'une clause ainsi conçue : « je lègue mes biens à « Pierre et à Paul, et au décès de l'un, je le charge « de rendre les biens légués à l'autre » tombe sous le coup de la prohibition édictée par l'article 896 du Code civil : chacun des colégataires n'aura d'abord qu'une moitié des biens ; la moitié qu'il n'aura pas, le survivant y sera éventuellement appelé : le prémourant l'a conservée à la charge de la rendre.

Il y a un appelé, un grevé, un ordre successif, c'est-à-dire tout ce qu'il faut pour caractériser une substitution : « Seulement la substitution, comme le fait « remarquer Coin-Delisle, est bilatérale au lieu d'être « unilatérale, circonstance qui n'est pas de nature à « l'innocenter (1). »

1. Coin-Delisle sur l'article 1044, n° 9 et *Revue critique*, année 1856, p. 315 et s.

Mais la disposition ne sera pas toujours ainsi conçue, et, le plus souvent,les termes nets sous lesquels
la question a été posée ci-dessus sont remplacés par
d'autres qui feront naître un doute sur la question
de savoir si le testateur n'a entendu faire qu'une substitution vulgaire pour le cas de prédécès de l'un des
légataires ou s'il a visé une véritable substitution
fidéicommissaire. Ainsi, dans la clause : je lègue mon
domaine à Pierre et à Paul, sous la condition que la
part de celui qui mourra le premier ou sous toute
autre condition, accroîtra ou sera réversible au survivant, le testateur peut avoir eu en vue, aussi bien
le décès de l'un des légataires avant lui que le décès
de l'un des légataires après son propre décès. Que
décider en présence d'une pareille disposition ? Il
faut rechercher l'intention du testateur. S'il a voulu
dire, qu'au cas où l'un des deux gratifiés viendrait à lui
prédécéder dans les conditions fixées, sa part accroî-
trait aux autres, il n'a fait que préciser dans son testament le droit que la loi accorde aux colégataires
conjoints (article 1044) ; mais, s'il a entendu, qu'au
cas, où, les légataires ayant déjà recueilli, l'un d'eux
viendrait à mourir sans remplir la condition voulue,
sa part reviendrait aux autres, alors il a voulu faire
ce que nos anciens auteurs appelaient une substitution réciproque (1). Cette disposition doit certainement tomber sous le coup de l'article 896, car « il

1. Ricard, *Traité des substitutions*, 1ʳᵉ partie, nº 183. — Lebrun,
Successions, livre II, chap. III, sect. 4, nº 14.

« serait tout au moins bizarre, ajoute Coin-Delisle,
« que les substitutions bilatérales fussent traitées
« plus favorablement que les substitutions unilaté-
« rales (1). »

Pour être complet, nous devons mentionner également la validité de la disposition, connue sous le
nom de fidéicommis *de residuo* ou *de eo quod supererit*, par laquelle une personne en charge une autre de rendre à une troisième ce qui lui restera des
biens qu'elle lui donne ou qu'elle lui lègue; la validité d'une telle clause ne fait actuellement plus de
doute pour personne: s'il y a charge de rendre dans
cette disposition, il n'y a aucune charge de conserver, c'est un legs sans inaliénabilité, donc pas de
substitution. Cependant la jurisprudence et certains
auteurs furent longtemps indécis sur la légitimité
d'un legs de cette nature (2).

Par l'emploi de ces derniers procédés, la jurisprudence validait bien les deux dispositions; toutefois
c'était insuffisant, l'appelé se trouvait encore, bien
qu'à un degré moindre, à la merci du grevé : ce
dernier pouvait en effet rendre la deuxième disposition inutile, puisqu'il n'était pas obligé de transférer les biens tels qu'il les avait reçus, il transmet-
tait à l'appelé seulement ceux qu'il avait conservés
et qui lui restaient à sa mort.

La pratique trouva dans l'article 899 le moyen de

1. Coin-Delisle, sur l'art. 1044, n° 9.
2. *Supra*, p. 37.

faire parvenir au deuxième gratifié l'intégralité des biens composant la première libéralité.

D'après cet article, n'est pas considérée comme substitution, la disposition par laquelle le testateur ou le donateur dispose de l'usufruit en faveur du premier bénéficiaire et de la nue propriété en faveur de ses héritiers ou de la personne à qui il veut que les biens restent en définitive.

L'article 899 ne paraissait pas nécessaire, une pareille disposition ne présentant nullement les caractères d'un fidéicommis — le Code a cependant bien fait de s'expliquer à ce sujet, car sous l'empire de la loi de 1792, prohibant les substitutions, la légitimité d'un pareil legs avait été contestée — il n'y a pas identité d'objets légués, puisque l'usufruit est un droit différent de la nue propriété ; il n'y a donc pas d'ordre successif, ni double libéralité, mais deux libéralités absolument différentes.

De plus, ces libéralités sont directes l'une et l'autre : le nu propriétaire, aussi bien que l'usufruitier, est saisi dès le moment de la donation ou du décès du testateur, l'un de la nue propriété, l'autre de l'usufruit. Le nu propriétaire ne reçoit pas la pleine propriété par l'intermédiaire de l'usufruitier, de même ce n'est pas de ce dernier qu'il recevra l'usufruit qui viendra se joindre à sa nue propriété : c'est l'effet d'une consolidation et non d'une transmission, car, selon l'expression de Demolombe, l'usufruit s'éteint à la mort de l'usufruitier et « meurt avec lui ».

La jurisprudence a eu recours maintes fois à la

validité des dispositions en usufruit et nue propriété
pour battre en brèche la prohibition de 896 : pratiquement, on obtenait des résultats analogues et très
voisins de ceux d'une vraie substitution.

Nous devrions retracer ici l'évolution qu'occasionna,
au cours du XIXᵉ siècle, l'application de plus en plus
fréquente de l'article 899 (1), mais par suite de ses
rapports étroits avec l'évolution analogue, — et beaucoup plus considérable — qui se produisit en matière
de legs conditionnels, nous nous bornons seulement
à signaler la tendance de la jurisprudence à valider
au moyen de cet article des dispositions renfermant
de véritables substitutions fidéicommissaires : nous
retrouverons, du reste, les développements que nous
aurions à donner à ce sujet, quand nous exposerons
les phases successives de la formation de la théorie
du double legs conditionnel alternatif.

Nous avons ainsi passé en revue et rappelé som-
mairement (dans le seul but de montrer toute l'étendue de cette matière et de faciliter l'exposé du sujet
spécial que nous avons désormais à étudier) les procédés si divers, qui servirent à déclarer licites des
dispositions que la loi annule et considère comme
contraires à l'ordre public.

L'emploi continu par la pratique de ces différents
moyens destinés à éluder la nullité de l'article 896
démontre que la prohibition des substitutions ne

1. Voyez sur ce point Bouvier, thèse Lyon 1909, p. 137-162.
2. *Infra*, chapitre II.

paraît plus actuellement être indispensable au maintien de l'ordre social ni être justifiée par l'état actuel
des mœurs.

Cette jurisprudence toute en faveur du maintien
de la substitution — peu importe le nom d'emprunt
que l'on donne à de telles dispositions pour les déclarer valables — rentre dans un mouvement plus
général; avec la dotalité et l'assurance sur la vie, elle
tend à mettre à l'abri de la mauvaise fortune et de
a spéculation une partie du patrimoine. Le fidéicommis, d'après les tribunaux, n'est plus aujourd'hui,
comme dans l'ancien droit et dans le droit romain,
l'institution créatrice des inégalités les plus choqua n-
tes; elle est au contraire une mesure de prévoyance
qui comme telle doit être favorisée et encouragée.

DEUXIÈME PARTIE

DU DOUBLE LEGS CONDITIONNEL ALTERNATIF

NOTIONS PRÉLIMINAIRES

Avant tout développement sur le legs conditionnel, il est bon de faire remarquer : « qu'il est en ef« fet dans le Code civil deux textes qui sont demeu« rés en permanent conflit et dont l'un a vu ses « applications s'étendre lentement à mesure que l'au« tre se restreignait dans les termes les plus étroits ; « l'article 1040 d'une part qui permet aux testateurs « de subordonner leurs legs à des conditions, et, « d'autre part, l'article 896, qui interdit les substitu« tions (1) ».

Le Code ne parle des legs conditionnels que dans l'article 1040 (2), où il se borne à les valider en bloc, à quelque espèce qu'ils appartiennent. Les legs conditionnels peuvent, d'abord, se présenter sous une forme simple : ainsi, si le testateur dit : « je lègue mon immeuble à Pierre, s'il se marie », il n'y aura qu'une seule disposition sous condition suspensive. Mais elle pourra être sous condition résolutoire, s'il est dit « je lègue mon immeuble à Pierre, mais le « legs sera résolu s'il se marie ».

Les legs simples sous condition suspensive devaient être admis, car le Code civil en parle expres

---

1. Lambert, *De l'exhérédation*, n° 777.

2. L'article 1041 du Code civil vise uniquement des legs à terme

sément dans l'article 1040 ; cet article ne fait aucune mention du legs sous condition résolutoire, mais il ne faut pas en déduire, qu'il ne le permet pas. La doctrine et la jurisprudence ont admis sans peine les legs sous condition résolutoire (1).

Le legs conditionnel peut se présenter avec la combinaison de ces deux variétés de conditions dans la même disposition. Deux hypothèses sont à prévoir : dans la première, on a deux legs parallèles, l'un et l'autre sous condition suspensive, l'un d'eux étant subordonné à cette condition : si l'événement se réalise, l'autre étant subordonné à cette condition inverse : si l'événement ne se réalise pas.

La seconde hypothèse présente encore deux legs parallèles, mais l'un d'eux est sous condition résolutoire et doit disparaître si l'événement arrive ; l'autre est sous condition suspensive et se trouve subordonné à l'arrivée de ce même événement.

Il y eut plus de difficulté (2) pour admettre la va-

1. Quelque hésitation se produisit au cas où la condition résolutoire devait se réaliser au décès du légataire. Voir *infra*, chap. II, *Évolution de la jurisprudence*.

2. Et cependant il n'y a pas une grande différence de nature entre un legs sous condition simple et un double legs conditionnel : ainsi dans un legs simple sous condition suspensive, il y aura en somme une alternative entre le légataire et l'héritier du testateur ; car « en « grevant les héritiers de la charge de conserver et de rendre, le tes- « tateur les institue implicitement, il est vrai, mais d'une façon cer- « taine ». Baudry et Colin, t. II, n° 3092. — Dans les legs conditionnels simples, une des deux dispositions sous condition se trouve sous-entendue. La nature même de la condition suppose toujours une alternative.

lidité de ces doubles legs conditionnels, l'article 1040 n'apporte aucune restriction à la faculté pour le testateur de subordonner son legs à telle ou telle condition, qu'il lui plaira, et, à ne considérer que ce seul article, il semble que le disposant a le pouvoir de subordonner son legs à une condition dont la réalisation ou la défaillance ne pourra se vérifier qu'au décès du premier légataire. Mais l'article 896 le permet-il ? Nous en doutons, nous voyons dans une telle disposition une substitution prohibée.

La jurisprudence, au contraire, valide toutes ces dispositions, elle les fait échapper à l'article 896 par leur transformation en legs conditionnels autorisés par l'article 1040 : elle a été amenée à distinguer les legs conditionnels permis par l'article 1040 de la substitution prohibée par l'article 896, et à les caractériser par l'unité de transmission fondée sur la rétroactivité de la condition.

En conséquence, nous adopterons pour nos développements l'ordre suivant : établir aussi nettement que possible le point de départ de la théorie du double legs conditionnel dans le Code, rechercher par quelles étapes successives elle s'est développée, et retracer les phases de son évolution dans la jurisprudence. Il y aura lieu alors d'examiner et de discuter les arguments qui sont invoqués en sa faveur, et finalement de rechercher le critérium qui nous permettra de distinguer une disposition prohibée d'une autre, qui est reconnue valable par le Code.

CHAPITRE PREMIER

Le legs conditionnel dans l'ancien droit et dans le code.

Il est nécessaire, à notre avis, avant d'aborder l'étude du système de la jurisprudence, de rechercher les principaux caractères du legs conditionnel soit dans l'ancien droit, soit dans le droit actuel, et, d'examiner les modifications que le Code civil a pu introduire à la théorie du legs conditionnel, telle que la formulaient nos anciens auteurs. Peut-être même, pourrons-nous trouver dans cet examen les bases d'un critérium de distinction entre la substitution et le legs conditionnel.

Le Code, ainsi qu'il a été dit précédemment, ne s'est occupé des dispositions testamentaires soumises à l'arrivée d'un événement futur et incertain que dans un seul article, 1040, où il se borne à les valider. Cet événement incertain peut être quelconque, mais pour que l'héritier institué sous condition puisse recueillir, il faut qu'il soit capable au moment de l'arrivée de l'événement.

Le Code ne dit pas, d'une façon explicite, si l'arrivée de la condition produit un effet rétroactif et si l'héritier, institué sous condition suspensive, voit sa propriété remonter au jour du décès du testateur. Quelle était la conception de l'ancien droit sur ce point ?

I. — Ancien droit français

Sous l'ancien droit, on n'admettait pas le caractère rétroactif du legs conditionnel (1), qui restait soumis aux mêmes règles que les substitutions.

Du jour où Justinien assimila complètement, par les lois 1 et 2 du Code, les legs aux fidéicommis, toute différence fut effacée entre le legs d'une part et le fidéicommis de l'autre.

Thévenot constate la réforme en un chapitre de son traité intitulé : *De l'exéquation des fidéicommis et des legs.* Il fait même de cette exéquation « le « principe le plus notable... la principale clef du « droit pour les fidéicommis, une notion initiale plus « nécessaire que la disposition même, puisque, sans « cette notion, on ne serait pas en état de connaître « quelles sont les lois qui s'appliquent aux fidéicom- « mis, et qui doivent en régler le sort (2). »

De ce principe, il faut conclure avec cet auteur que toutes les règles des legs s'appliquent aux fidéicom- mis ; les uns et les autres « ne diffèrent que de

---

1. Voir le chapitre IV de la IIe Partie où on examinera la question de savoir si la condition a un effet rétroactif en matière de disposi- tion testamentaire.

2. Thévenot. *Traité des substitutions*, n° 58, également n° 69.

« nom » (1) d'après le précepte même des *Institu-*
tes (2) : « Necessarium esse duximus omnia legata fi-
« deicommissis exæquare, ut nulla sit inter ea diffe-
« rentia, sed quod deest legatis, hoc repleatur ex
« natura fideicommissorum et, si quid amplius est
« in legatis, per hoc crescat fideicommissi natura ».

Au xvi⁰ siècle, Peregrinus (3) faisait déjà cette remarque dans son *Traité des fidéicommis*. Furgole, au
contraire, prétend qu'il reste quelques différences
entre ces deux institutions, mais il ne les indique
pas (4).

Ricard enseigne que les legs sont de vrais fidéicommis (5), car « nos legs mêmes, à proprement
parler, ne sont que fidéicommis ».

Pothier parlant des effets de l'ouverture des substitutions, ne fait aucune distinction quand il s'agit
de legs et fidéicommis conditionnels : « L'effet de
« l'ouverture des substitutions est que la propriété
« des choses substituées passe, de plein droit, de la
« personne du grevé en celle du substitué. Les lois
« romaines, en cela conformes aux nôtres, le déci-
« dent pour les legs conditionnels. Les fidéicom-
« mis ayant été en tout égalés aux legs par Justi-
« nien, on doit décider la même chose pour les

---

1. Thévenot, n⁰ 65.
2. *Institutes, XX, de legatis*, § 3.
3. Peregrinus, *Traité des fidéicommis*, art. 1, n⁰ˢ 54 et 55.
4. Furgole, *Traité des testaments*, tome III, ch. X, n⁰ 29.
5. Ricard, *Traité des substitutions*, 1re Partie, n⁰ 298, aussi n⁰ 114. —
Bourjon, tome II du *Droit commun de la France*, page 164.

« substitutions ou fidéicommis conditionnels (1). »

Il était utile de faire remarquer que les interprètes les plus autorisés du droit immédiatement antérieur au nôtre, étaient d'accord pour assimiler les effets des legs et des fidéicommis dès lors que tous deux étaient conditionnels.

Quelles conséquences peut-on tirer de cette assimilation ? Tout d'abord nous en examinerons l'influence à propos du caractère non rétroactif du legs conditionnel.

De ce que dans le fidéicommis conditionnel de l'ancien régime (c'est la substitution du Code civil) la transmission est non rétroactive, il doit en être de même dans le legs conditionnel : en effet, pour les substitutions, la transmission de propriété s'opérait de plein droit et sans rétroactivité du grevé à l'appelé au moment de l'arrivée de la condition : jusqu'à cette époque la chose reste en la pleine propriété du grevé.

Tous les auteurs de l'ancien droit sont unanimes sur ce point, notamment Thévenot à plusieurs endroits de son traité (2), le plus caractéristique est le

1. Pothier, tome VIII, page 522, n° 195.

2. N° 576. — Retenez bien que dans ce fidéicommis conditionnel, « la propriété appartient au grevé jusqu'à ce que la condition, dont le « fidéicommis dépend, soit arrivée. Tant que la condition est pendante « le grevé est véritablement et pleinement propriétaire, toutes lois y « sont formelles. » Et n° 582 « le grevé cessera alors — au moment de « l'arrivée de la condition — d'être propriétaire ; mais jusque-là sa pro- « priété n'aura pas moins été réelle et pleine. De même, n° 583 (cité « au texte) et n° 584 : « il suit de là que dans nos substitutions or- « dinaires, qui sont faites pour le cas de mort du grevé, la propriété

suivant, n° 583 : « Observez même, que dans ce fidéi-
« commis conditionnel, la propriété du grevé, lors-
« qu'elle est résolue par l'arrivée de la condition, ne
« l'est point *ab initio*, en telle sorte qu'il soit censé
« n'avoir point été propriétaire. Sa propriété n'est
« résolue que *ut ex nunc* et non pas *ut ex tunc*,
« comme disent les auteurs. Il est toujours regardé
« comme ayant été réellement propriétaire jusqu'à
« l'arrivée de la condition. »

Pothier se prononce aussi dans le même sens :
« Quoique le substitué tienne son droit de l'auteur
« de la substitution et non du grevé, néanmoins il
« est vrai que la mutation de propriétaire et pos-
« sesseur se fait de la personne du grevé à celle du
« substitué, puisque effectivement la propriété et la
« possession des biens substitués passent du grevé
« au substitué » (1).

Le caractère de non-rétroactivité des substitutions
dans l'ancien droit est donc absolument certain ; il
devait donc en être de même pour les legs conditionnels qui suivaient des règles identiques. (2)

« appartient indubitablement au grevé, jusqu'à l'instant de son décès ;
« puisque le décès du grevé avant le substitué est la condition du
« fidéicommis. »

1. Pothier, VIII, p. 522, n. 196.

2. M. Lambert a soutenu l'opinion contraire : il prétend que dans
l'ancien droit, le substitué, aussi bien que le légataire conditionnel,
a directement pour auteur le disposant et non pas le grevé ; par conséquent le droit du grevé disparaîtrait rétroactivement à son décès.
Voir l'exposé et la réfutation donnée par M. Piolenc dans sa thèse,
Caen 1903.

Comme conséquence de ce principe, les auteurs furent amenés à décider que l'appelé dût être capable c'est-à-dire déjà conçu ou encore vivant, seulement à l'arrivée de la condition : à l'instant où le premier bénéficiaire décède.

C'est ce que nous dit d'une manière très explicite Furgole, quand il se demande si les enfants à naître peuvent être gratifiés de dispositions testamentaires (institution, substitution, legs): « Quoiqu'ils ne fus- « sent point nés ni conçus du temps du testateur, par « cette raison qu'il est permis par plusieurs lois de « faire des institutions, des legs, des fidéicommis aux « posthumes, on ne doit considérer la capacité qu'en « égard au temps de l'échéance de la condition, et « non au temps du testament ni de la mort du tes- « tateur (1) ».

C'est un principe constant dans l'ancien droit : Thévenot l'affirme dans son n° 507 pour les fidéicommis conditionnels : « quand le fidéicommis est con- « ditionnel, il faut et il suffit que l'appelé soit capable « au moment de l'échéance de la condition, qui est « pareillement celui de l'ouverture (2) ».

---

1. Furgole, *Traité des testaments*, tome I, ch. VI, sect. 1, n° 6, aussi n° 18.
2. Thévenot, *loc. cit.*, n° 507.

Le chancelier d'Aguesseau confirme cette règle de droit dans un de ses plaidoyers : « Mais si la disposition testamentaire est condi- « tionnelle, alors ce n'est plus dans le moment de la mort que l'on « examine la capacité du légataire. L'équité ne la désire que dans le « temps de l'échéance, de l'événement, de l'existence de la condition... « En un mot, le legs pur et simple est dû au légataire dès le jour de « la mort *dies cedit ;* il a une action ouverte, ou du moins un droit

Et Ricard pour les legs conditionnels : « En ma-
« tière de legs sous condition, le temps destiné pour
« examiner la validité et l'effet (de la disposition)
« est celui de l'échéance de la condition ; comme,
« pour ce qui est des autres on a égard au temps de
« la mort du testateur (1). »

Pour toute disposition conditionnelle, la capacité
n'était alors requise qu'au moment de l'échéance de
la condition.

D'après ce qui précède, la situation dans les dernières années de l'ancien régime est celle-ci : les legs
et fidéicommis conditionnels suivent les mêmes règles ; l'ouverture du droit se place pour les uns et
les autres au même instant, celui de l'accomplissement de la condition. La rétroactivité est exclue des
dispositions testamentaires (2) et la capacité n'est
requise qu'à l'arrivée de la condition. La transmission de la libéralité s'opère dans les deux cas *ipso
jure :* enfin et surtout *pendente conditione* la chose
léguée est la pleine propriété du premier gratifié :

« acquis pour le demander. C'est donc dans ce même jour qu'il doit
« être capable. Le legs conditionnel n'est dû au légataire que du jour
« de l'existence de la condition. Avant ce moment favorable, il ne peut
« encore le transmettre à ses héritiers ; il suffit donc que sa capa-
« cité soit certaine dans ce moment. »
    Œuvres de d'Aguesseau, tome IV, p. 574, plaidoyer 53.

    1. Ricard, tome II, ch. V, sect. 1, n° 180. -- De même Bourjon,
tome II, p. 173, n° 9 et n° 11) : « Le substitué doit être capable au
« temps de l'ouverture de la condition ».

    2. Ce point sera examiné avec tous les développements qu'il com-
porte, dans la IIᵉ Partie.

« Retenez bien, insiste Thévenot, que la chose appar-
« tient au grevé jusqu'à ce que la condition dont le
« fidéicommis dépend soit arrivée (1). »

Ce serait peut-être le moment en s'attachant au
principe que le légataire comme le fiduciaire, sont
pleins propriétaires avant l'accomplissement de la
condition, d'examiner comment le legs aussi bien que
le fidéicommis réalisent ce que l'on a coutume d'exiger dans la doctrine comme essentiel à l'existence
d'une substitution prohibée : savoir la double transmission, le trait de temps, la charge de conserver et
de rendre, et l'*ordo successivus*, mais nous croyons
préférable de rejeter les développements que néces-
siterait l'examen de cette question, au chapitre où
nous nous proposons de démontrer que la subtitu-
tion fidéicommissaire n'est qu'une variété du legs
conditionnel.

II. — Droit actuel

Nous devons examiner maintenant comment ces
deux institutions — legs et fidéicommis conditionnels
— autrefois absolument semblables, ont pu se différencier et devenir aussi distinctes qu'elles le sont
dans notre droit actuel.

Le législateur de 1804, prit au sujet des substitutions un parti radical, il les prohiba complètement,
inspiré en cela par la crainte des abus qui avaient

1. Thévenot, *loc. cit.*, n° 576.

déjà mérité à cette institution, la défaveur des grands jurisconsultes des siècles passés. Il n'a pas transformé pour cela le caractère traditionnel de ces sortes de dispositions.

A partir de ce moment, les fidéicommis n'ont plus subi de modifications et ont gardé le caractère de non rétroactivité, qu'ils avaient autrefois. L'article 896 venait d'interdire le retour au passé, c'est ce passé qu'il fallait connaître : toute la théorie des substitutions devait donc, dans le but même d'assurer les prescriptions du code, être maintenue dans un état stationnaire.

Pour les autres catégories de legs conditionnels, la situation n'est plus la même : elles sont restées d'une pratique de tous les jours et leur fréquente application les appela à se transformer suivant les besoins des temps et des mœurs : c'est à bon droit qu'on se préoccupa de leur avenir plus que de leur passé.

Cette transformation, subie également par toute institution juridique pour mieux s'adapter aux exigences variables de la pratique, suivant les époques qu'elle traverse, et aux besoins sans cesse grandissants de nouvelles générations, est commencée par le Code lui-même : l'innovation la plus notable en ce qui concerne les legs conditionnels résulte de l'article 906.

Jusqu'à la fin de l'ancien régime, pour toute disposition conditionnelle, la capacité n'était requise — nous l'avons vu — qu'au moment de l'échéance de la condition. Toutefois, l'article 49 de l'ordonnance de 1735 (1) sur les testaments, frappait d'inefficacité toute disposition en faveur d'un bénéficiaire qui ne serait ni né ni conçu au jour du décès ; mais il ne s'appliquait qu'aux institutions d'héritiers pour éviter la jacence des hérédités, sans atteindre les substitutions ni les legs ou fidéicommis particuliers.

Tous les auteurs sont d'accord pour justifier cette interprétation, c'est l'opinion du chancelier d'Aguesseau (2), de Bourjon (3) et de Furgole. Ce dernier fait remarquer que l'article 49 de l'ordonnance de 1735 : « ne parlant que de l'institution d'héritier et intro-

1. Cet article 49 est ainsi conçu : « l'institution d'héritier faite par « testament, ne pourra valoir en aucun cas si celui ou ceux au profit « de qui elle aura été faite, n'étaient ni nés ni conçus lors du décès « du testateur ».

2. D'Aguesseau, dans une lettre du 23 novembre 1737 (lettre 333, du tome IX de ses Œuvres, page 464, édition de 1776), déclare que : « On ne doit pas comparer non plus les legs ou les fidéicommis ni « les donations entre vifs faites à des personnes nées et à naître, avec « l'institution d'héritier. Dans les deux premiers genres de disposi-« tion, il y a toujours au temps de la mort du testateur ou à l'instant « de la donation, une personne existante qui recueille la succession « ou qui accepte la donation, et qui profitant de la libéralité du tes-« tateur ou du donateur, ne peut refuser d'accomplir dans la suite les « conditions qui lui sont imposées ; mais dans le cas de l'institution « d'un héritier qui n'est ni né, ni conçu lors de la mort du testateur, « la disposition porte entièrement à faux, l'institution s'anéantit de « droit, par le défaut d'existence de la personne instituée, et c'est en « vain, qu'on veut la ressusciter dans la suite à la naissance de l'hé-« ritier institué, parce qu'il n'est pas possible de feindre qu'il a existé « avant que d'être. »

3. Bourjon, Droit commun de la France, t II, livre V, 1re partie des testaments, chap. II, sect. 1, § 1.

« duisant un droit contraire à l'usage reçu, il faut
« resserrer sa disposition dans le cas précis de l'ins-
« titution par testament, sans pouvoir l'étendre aux
« substitutions fidéicommissaires, ni aux legs ou fidéi-
« commis particuliers, parce que n'en parlant point,
« elle laisse subsister la jurisprudence en l'état où
« elle était avant cette ordonnance... » (1).

Au sujet de l'introduction de l'article 906, on peut
se demander si les orateurs qui ont présenté le projet comprenant cet article avaient nettement prévu
son application aux legs conditionnels à titre particulier. Leur souci était de reproduire l'article 49 de
l'ordonnance de 1735. Bigot-Préameneu, dans son
discours, ne fait même pas allusion à la règle qui
allait devenir l'article 906 (2). Jaubert s'attache uniquement à justifier les mots « il suffit » employés au
lieu de « il faut » (3).

Les travaux préparatoires sont absolument muets
sur l'article 906, alinéa 2 : on n'y trouvera la base
ni d'une discussion, ni d'un débat. Le seul moyen
d'éclairer cette disposition, c'est de la rapprocher de
ses origines, de ses antécédents. A la fin de l'ancien
régime, la situation était nette ; article 49 de l'ordonnance d'août 1735 : les non conçus étaient capables
d'être institués légataires ; ils pouvaient recevoir
un legs particulier, mais la question était con-

1. Furgole, *Tr. des testaments*, t. I, ch. 6, sect. 1, n° 8, de même
n°ˢ 7 et 19 de la même section.

2. Locré, XI, p. 339.

3. Locré, XIV, p. 441.

troversée quand il s'agissait d'un legs universel.

L'article 906 — où les mots « recevoir par testament » visent aussi bien le legs particulier que le legs universel — en imposant au légataire universel une condition de capacité, autrefois imposée à l'héritier, institué, n'a fait que consacrer les tendances de l'ancien droit sur ce point controversé. Il y a là néanmoins, de la part du Code, une innovation certaine (1).

« Pourquoi cette innovation ? se demande M. Lam-
« bert, peut-être ne faut-il pas lui chercher des mo-
« tifs rationnels ? Peut-être s'explique-t-elle par cette
« circonstance que l'article 906 n'a point été l'objet
« d'une discussion sérieuse ? On a voulu consacrer
« les résultats, acquis par l'ancien droit, en répétant
« pour le legs universel ce que l'article 49 de l'or-
« donnance de 1735 disait pour l'institution d'héri-
« tier. Mais comme notre Code a traité simultané-
« ment des divers legs, les englobant autant que
« possible dans une réglementation générale ; la rè-
« gle qui s'imposait pour les legs universels s'est
« trouvée étendue aux legs particuliers, par cela seul
« que ces deux sortes de dispositions se confondaient
« sous un même nom. Il n'est pas bien sûr que l'in-
« novation, contenue dans le deuxième alinéa de
« l'article 906, ait été mûrement réfléchie (2). »

1. Les passages précédemment cités de Furgole et de Bourjon en témoignent suffisamment. C'est aussi ce que constate Merlin (Répert. au mot effet rétroactif sect. 3, § 5, n° 6).

2. La stipulation pour autrui, n° 174, Lambert, thèse Paris, 1893. Le même auteur dans son Traité de l'exhérédation, n° 815, s'exprime

Il n'en est pas moins certain qu'en vertu de l'article 906, est caduc le legs conditionnel fait à quelqu'un qui n'est pas encore conçu au décès du testateur, le serait-il au jour de l'arrivée de la condition : cette règle a été écrite, en vue de l'institution d'héritier de l'ancien régime à un moment où l'article 1002 du Code n'était pas encore voté, et où une distinction restait encore pour certains esprits entre les différentes sortes d'héritiers comme semble en témoigner l'article 896 lui-même.

Le Code civil, en faisant disparaître toute différence entre institution d'héritier, legs universel ou particulier, quant à la nature du droit conféré et à sa transmission, et en généralisant dans l'article 906 la disposition de l'ordonnance de 1735 (art. 49) ne permet pas de restreindre l'application de ce texte à certaines seulement d'entre les dispositions testamentaires : cet article vise actuellement aussi bien les legs que les substitutions ; toutefois, comme ces derniers sont prohibés, l'article 906 fait double emploi avec l'article 896 pour les appelés non conçus.

Comment peut-on justifier la disposition de l'article 906 ? On chercha une explication dans l'article 1179 (1er alinéa) au titre des obligations : la condition accomplie a un effet rétroactif au jour auquel l'engagement a été contracté. On tire assez facilement de là cette consé-

en des termes analogues : « Ne l'oublions pas, l'innovation de l'article 906 et l'extension aux legs de la règle antérieurement admise pour « l'institution d'héritier, n'ont été l'objet d'aucune discussion ; il n'est « pas étonnant qu'elles soient passées quelque peu inaperçues... »

quence qu'il faut être conçu au jour du décès du testateur pour bénéficier d'un legs conditionnel : en
effet, quand la condition est accomplie, le bien grevé
est censé avoir toujours appartenu au second bénéficiaire depuis la mort du testateur. Ce bénéficiaire
doit donc prouver qu'à ce moment il était capable de
recevoir par testament c'est-à-dire au moins conçu.

La notion de rétroactivité doit, selon nous, rester
étrangère à la théorie des legs conditionnels : aucune
obscurité ne rend cet emprunt nécessaire, et le seul
intérêt qu'il pourrait présenter n'est pas légitime.

En premier lieu, cette idée de rétroactivité, considérée par l'article 1179, n'est pas la cause dont l'article 906 n'aurait fait que déduire une conséquence :
ce dernier article a de tout autres raisons d'être.
Bornons-nous ici à faire remarquer que c'est seulement après la promulgation du Code que l'on a appliqué l'article 1179 aux legs: ce point sera du reste
examiné ultérieurement (1).

Cette notion de rétroactivité n'est pas non plus
indispensable pour expliquer la résolution des droits
concédés par le premier bénéficiaire avant l'arrivée
de la condition: l'explication est beaucoup plus simple, ce n'est que l'application de cet adage : que l'on
ne peut transférer à autrui sur une chose plus de
droits qu'on n'en a soi-même. Si le grevé a disposé du
bien, dont il avait la jouissance, il n'a pu le faire que
sous réserve de l'éventualité, qui menaçait d'anéantir

1. Voir chapitre III de cette seconde partie.

son droit. Les anciens auteurs s'étaient toujours contentés d'ailleurs de cette explication, nous ne pensons pas qu'en passant dans le droit actuel, elle perde rien de sa valeur (1).

Pour repousser toute extension de l'idée de rétroactivité à la théorie des legs conditionnels, nous n'avons qu'à nous servir de la fin de ce même article 1179 dont on voudrait seulement appliquer le commencement à notre matière : « si le créancier meurt avant « l'accomplissement de la condition ses droits passent « à ses héritiers ». L'analogie voudrait qu'il y eût, pour les legs, une règle semblable, or l'article 1040 s'oppose formellement à ce que : en cas de mort du égataire avant l'accomplissement de la condition, ses droits passent à ses héritiers, la transmission de la propriété, aux termes de cet article (2), n'a pas lieu au décès du *de cujus*, mais seulement à l'arrivée de la condition.

La fiction de la rétroactivité est inutile pour expliquer le jeu de la condition dans les legs et se trouve contredite par l'article 1040 : jusqu'ici nous n'avons trouvé aucun avantage à l'introduire dans les condi-

---

1. Coin-Delisle sur l'article 896, n° 20, p. 43.

2. Cet article ne fait que rappeler, ce que nos anciens auteurs, notamment Thévenot, disaient en parlant du droit du grevé de substitution : « le substituant n'a certainement pas voulu faire de bien à l'héritier du substitué, préférablement au grevé qu'il affectionnait et « gratifiait en premier ordre ». Thévenot, *loc. cit.*, n°ˢ 515 et 517, 518, 526. De même Ricard, *Traité des dispositions conditionnelles*, n°ˢ 204 et 222 (et la note de Bergier) tome II de ses OEuvres. Argou, *Institution du droit français*, 1730, t. I, p. 340 et 341 et tome II, p. 334.

tions apposées aux legs, et pourtant beaucoup d'auteurs, soutenus du reste par la jurisprudence, affirment que cette extension offre un intérêt considérable.

En continuant le raisonnement exposé plus haut, on arrive facilement à faire disparaître toute communauté de règles entre legs et substitutions, et à faire naître entre eux une différence essentielle qui, selon nous, n'est pas exacte. Si le second gratifié, dit-on, est censé avoir été propriétaire du jour du décès, les biens du grevé n'ont pas eu d'autre maître que lui après le disposant : plus de double transmission en vertu d'un testament unique, plus d'intervalle de temps séparant ces deux transmissions, plus de charge pour le premier légataire de conserver une chose que l'on déclare après coup ne lui avoir jamais appartenu.

S'il en est ainsi, on ne pourra jamais plus rencontrer dans un legs les caractères essentiels de la substitution. Le legs conditionnel et la substitution sont alors deux institutions très différentes, puisqu'elles n'ont plus aucun caractère commun (1).

En toute hypothèse, on démontrera logiquement qu'il n'y a eu qu'une seule transmission du bien légué, car l'appelé en deuxième ordre l'a reçu directement du testateur, que ce bien n'a pu séjourner sur la tête d'un intermédiaire pour un temps quelconque à cause de cette même transmission directe, et

---

1. Nous développerons et réfuterons cette manière de voir en exposant le système de la jurisprudence.

que la charge de conserver et rendre ne peut exister puisque le premier bénéficiaire est censé n'avoir jamais rien eu.

Si on admet la rétroactivité de la condition dans les dispositions testamentaires, on ne saurait contester la légitimité de ces déductions : nous verrons bientôt l'usage qu'en a fait la jurisprudence. Avec un tel système, on ne tend à rien moins qu'à tourner la prohibition de l'article 896 : son seul intérêt pratique serait de permettre d'échapper à une mesure d'ordre public ; son but est illicite, c'est plus que suffisant pour condamner cette théorie.

L'extension de la disposition de l'article 1179 aux legs conditionnels n'aboutit en fait qu'à violer une disposition d'ordre public, elle n'est nullement nécessaire pour expliquer l'article 906, et ne se justifie en aucune façon.

En décidant que la capacité du légataire devra exister non seulement au moment de l'arrivée de la condition, mais encore au moment du décès du testateur, l'article 906 ne veut pas dire que la condition apposée aux legs a un effet rétroactif, et rend le légataire propriétaire depuis la mort du *de cujus*. Il est vrai que l'article 1040, en exigeant l'existence du légataire au moment de l'arrivée de la condition, paraît contraire à cette opinion ; mais il n'y a rien d'étonnant que le Code exige la capacité du légataire à deux époques différentes.

Sur ce point, le droit actuel est plus sévère que l'ancien droit pour la théorie du legs conditionnel ;

au contraire pour les substitutions quand il les permet, il se contente de l'existence du substitué au moment de l'arrivée de la condition. De ce que l'on s'est
montré plus exigeant pour les legs conditionnels et
de ce que l'on a prohibé les substitutions, il ne s'ensuit nullement que l'on ait voulu en 1804 faire des
legs conditionnels une institution complètement différente de la substitution et répudier l'analogie qui
existait dans l'ancien droit entre ces deux modes de
disposer.

CHAPITRE II

Evolution de la jurisprudence

L'emploi du legs conditionnel pour éluder la prohibition des substitutions n'est pas une nouveauté pour la jurisprudence : sous l'ancien régime, où quelques coutumes prohibaient dans une mesure plus ou moins étendue (1) les substitutions, on avait déjà recours à ce procédé pour valider des dispositions entachées de nullité.

En Bourbonnais et en Auvergne, où la substitution testamentaire était prohibée, la question s'était posée jadis de savoir si le legs conditionnel était valable : un grand nombre de décisions judiciaires prouvent à cet égard les efforts qui furent faits dans ce sens. Après variations, la jurisprudence avait fini par se prononcer pour l'affirmative : les legs conditionnels étaient valables (2). Cette interprétation, qui faisait

---

1. Merlin *Répertoire*, v° *Substitution fidéicommissaire*, sect. I, § 1, et suivants, p. 91.

2. C'était l'opinion de Chabrol *Coutume d'Auvergne*, t. II, ch. II, art. 53, p. 128 où il rapporte et commente les arrêts rendus sur ce point.

Auroux des Pommiers note sous art. 324 de la *Coutume du Bourbonnais*, principalement n°ˢ 18 et 19 de la note, et Henrys, tome III, livre VI, question 23.

en partie échec à la prohibition des substitutions, était certainement due à l'influence des autres coutumes, si favorables pour la plupart aux dispositions de dernière volonté : on contournait la disposition coutumière et on éludait la nullité, qui en était la sanction, grâce à ce moyen détourné et déguisé.

Rolland de Villargues, examinant dans le n° 79 de son traité, si l'emploi du legs conditionnel ne donnerait pas aux disposants le moyen de créer à leur gré des substitutions en fraude de la prohibition, constate d'abord ce qui s'était passé dans les coutumes qui défendaient les substitutions, et ajoute à la fin de ce même n° 79 : « l'expérience de ce qui s'est pratiqué « alors doit donc nous éclairer pour l'avenir ». Ce que de Villargues écrivait en 1821, et en quelque sorte prédisait, ne tarda pas à se produire dans la jurisprudence.

La jurisprudence française resta longtemps soumise à l'influence des doctrines, qui niaient l'existence d'une différence essentielle entre la disposition conditionnelle et la substitution, et qui faisaient de la clause de substitution, une simple variété de la disposition conditionnelle. Aussi n'est-elle arrivée que par étapes successives, à poser avec certitude son système et à faire accepter par les tribunaux la distinction qui en résulte.

Dès la promulgation du Code, la jurisprudence eut pour critérium, que toute disposition, dans laquelle l'événement, mis *in conditione*, ne peut se réaliser qu'au jour de la mort du premier gratifié conditionnel, n'est rien autre chose qu'une substitution, peu importe la qualification donnée à l'acte. En effet, le légataire universel ou l'héritier acquiert, dès l'instant du décès, la propriété des biens, à charge de les conserver et de les rendre à sa mort : dès lors, la disposition présente tous les caractères d'une substitution prohibée par l'article 896.

C'est dans ce sens qu'a statué la Cour de cassation le 8 juin 1812 (1) dans l'affaire Merendol ; le testateur après avoir institué un héritier universel, faisait un legs, qui ne devait se réaliser qu'à la mort de l'héritier institué : ce legs fut déclaré entaché de substitution, par le tribunal de Marseille, la cour d'Aix confirma et la Cour de cassation rejeta le pourvoi.

La Cour de Paris, dans un arrêt du 30 août 1820 (2), considéra comme une substitution prohibée la disposition par laquelle un testateur appelle un tiers à recueillir sa succession, dans le cas où le légataire universel viendrait à mourir avant sa majorité ou son mariage.

Cette théorie fut jugée inexacte ; elle ne tenait aucun compte de l'effet rétroactif de la condition posée, affirme-t-on, en termes généraux par l'article 1179, d'après lequel le legs conditionnel ne peut pas contenir la charge de conserver et de rendre même quand la condition est le décès du premier gratifié ; l'effet rétroactif supprime toute espèce de charge de

1. S. 1812.1.363 et D. *Répertoire Substitution*, n° 155.
2. S. 1820.2.232. — De même, Colmar, 9 mars 1827, S. 1827.2.176.

conserver et de rendre : il n'y a plus qu'une seule libéralité, une seule transmission des mêmes biens.

La jurisprudence ne tarda pas à appliquer cette nouvelle conception ; elle valida au moins certains legs conditionnels, elle fit alors une double distinction : basée l'une sur l'étendue du legs, l'autre sur le caractère de la condition.

Elle écarta d'abord la double nullité de l'article 896 pour le cas où le second gratifié était un légataire particulier, auquel le premier gratifié, un légataire universel, devait donner à son décès une somme d'argent — c'est l'hypothèse la plus fréquente dans ces arrêts — ou un objet déterminé de la succession.

Ainsi a jugé la cour d'Amiens le 20 février 1819 (1) et la cour de Paris le 21 décembre 1824 (2). Ce dernier arrêt est le premier qui affirme nettement la distinction établie par la jurisprudence, l'arrêt d'Amiens ayant statué en s'appuyant sur des considérations de fait particulières à l'espèce.

La Cour de Paris adopta les motifs du jugement du tribunal de la Seine et déclara que la charge imposée au donataire ou légataire d'un immeuble de donner telle somme à un tiers, dans le cas où celui-ci lui survivra, même avec assignat sur l'immeuble donné ou légué, ou sur le prix en provenant, ne présente qu'une simple disposition modale, une simple charge soumise à une condition : elle n'a point les caractères d'une substitution prohibée...

1. S. 1821.2.39.
2. S. 1825.2.74.

La Cour de cassation jugea de même le 30 décembre 1835 (1) en rejetant le pourvoi formé contre un arrêt de Nancy du 13 mars 1833 qui avait admis : que le legs fait par un créancier à son débiteur de la somme due, pour le cas où l'héritier du testateur décéderait sans enfants, ne contenait pas une substitution prohibée (2).

Elle étendit un peu plus tard cette distinction des substitutions et des legs conditionnels au cas où la deuxième disposition portait sur la totalité des biens faisant l'objet de la première (3).

Cette distinction basée sur l'étendue des legs, bien qu'intéressante à signaler pour montrer avec quelle lenteur et quelle timidité, la théorie du legs conditionnel pénétra dans le domaine de l'article 896, est peu importante au point de vue des conséquences juridiques. La jurisprudence avait une base beaucoup

---

1. S. 1836.1.108. Cet arrêt est d'autant plus remarquable qu'il statuait sur une disposition contenue dans un testament fait par le comte de Custines le 8 octobre 1792.

2. Citons encore l'arrêt de la Cour de Paris du 7 décembre 1835, S. 1836.2.86, rendu au sujet d'un testament aux termes duquel un testateur nommait une demoiselle Poisson sa légataire universelle et faisait divers legs de sommes d'argent, mais en ajoutant « pour ces der- « niers legs être payés sous la condition et au cas où ma légataire « universelle décéderait sans postérité ». La jurisprudence admit également la validité du legs particulier quand il portait sur un corps certain. De même : Amiens. 6 avril 1854, D. 1855.2.1. — Orléans, 28 janvier 1865, S. 1865.2.236. — Lyon, 24 janvier 1865, S. 1866.2.45. — Cassation, 31 juillet 1866, S. 1866.1.404. — Cassation, 30 avril 1867, S. 1867.1.329.

3. Rouen, 22 février 1834, S. 1834.2.054. Également, Cass., 4 décembre 1843, S. 1844.1.268.

plus solide et plus fertile dans la distinction qu'elle
établit, presque à la même époque, entre la condition suspensive et la condition résolutoire : dans le
legs sous condition résolutoire on voyait une double
transmission de la propriété, tandis qu'on n'en rencontrait qu'une dans le legs sous condition suspensive.

En effet, léguer sous condition suspensive à deux
personnes, à Primus si tel événement se réalise, à
Secundus si le même événement ne se réalise pas,
ce n'est point faire une double libéralité, mais une
libéralité unique, dont la réalisation ou la défaillance
de la condition changera l'adresse et fixera d'une
manière définitive l'attribution de la propriété. Jusqu'à l'arrivée de la condition, pas de gratifié ; à son
arrivée, un seul gratifié. Si la condition se réalise, il
n'y aura jamais eu qu'un bénéficiaire de la disposition, Primus ; si elle ne se réalise pas, l'unique gratifié
aura été Secundus ; il n'y a pas non plus charge de
conserver et de rendre, et ainsi pas de substitution (1).

La différence entre une disposition de cette nature
et une substitution est sensible aussi bien en droit
qu'en fait.

En droit, puisque d'après les principes généraux
admis en matière de droits conditionnels, la condi-

---

1. Au contraire, léguer sous condition résolutoire, c'est léguer tout
d'abord la propriété au propriétaire sous condition résolutoire, puis
la léguer à une deuxième personne, pour le cas où cette condition
viendrait à se réaliser : c'est, par conséquent, insérer une charge de
conserver et de rendre à la mort du premier bénéficiaire, à une tierce
personne et par suite, faire une substitution.

tion, soit qu'elle se réalise, soit qu'elle défaille, produira un effet rétroactif : le légataire, qui se trouvera définitivement appelé, succédera d'une manière directe et immédiate au testateur ; le droit de l'autre légataire sera considéré comme n'ayant jamais existé.

En fait, car la propriété de la chose léguée est en suspens ; elle reste dans la succession en attendant que l'on puisse déterminer lequel des deux légataires conditionnels recueillera les biens : la condition accomplie ou défaillie, celui des deux légataires qui se trouve appelé, est censé avoir seul recueilli directement sans intermédiaire la libéralité à lui faite ; l'autre légataire n'a jamais eu aucun droit : la propriété qu'a eue *pendente conditione* l'héritier *ab intestat* est rétroactivement anéantie... De l'effacement du second légataire et de l'héritier *ab intestat* il résulte que la transmission s'est effectuée directement du testateur au légataire « il n'y a pas eu de « substitution, de charge de conserver et de rendre, « d'ordre successif établi entre un premier et un « second gratifié (1) ».

La jurisprudence est depuis longtemps fixée en ce sens : on trouve sur ce point des arrêts déjà anciens. Ainsi le 20 décembre 1831, la Cour de cassation a reconnu comme valable un testament dans lequel la testatrice disait : « Je donne mes biens à mon neveu « à condition qu'il se mariera ; s'il ne se marie pas, je « les donne à Mlle de G. » Les héritiers du légataire

1. Tissier, *Revue trimestrielle de droit civil*, année 1903, page 746.

prétendirent qu'il y avait là une substitution prohibée, que la propriété *pendente conditione* n'appartenait pas aux héritiers de la testatrice, que, ne pouvant rester incertaine, il fallait bien qu'elle reposât sur la tête du légataire et que, par suite, celui-ci se trouvait chargé de conserver et de rendre. Mais la Cour de cassation répondit qu'il n'y avait pas d'obligation de conserver et de rendre « que le legs universel fait « au mineur P...(le neveu) étant subordonné à la con- « dition de son mariage, et cette condition n'ayant « pas été remplie, il résulte qu'il n'a pas été saisi du « legs et par conséquent qu'il n'y a pas eu de trans- « mission possible de lui à un tiers (1) ».

C'est aussi comme double legs sous condition sus- pensive que les tribunaux valident les dispositions dans lesquelles les donateurs ou les testateurs ont décidé qu'il y aurait accroissement entre les gratifiés même après leur décès. Ainsi la Cour de cassation a reconnu comme valable le testament par lequel le tes- tateur appelait à sa succession deux mineurs, Jules et Marthe, et ajoutait : « Le legs universel est fait à « la condition que mesdits légataires atteindront leur « majorité, et si l'un ou l'autre mourait avant cet « âge sans enfants, j'entends qu'il y aura accroisse- « ment au profit du survivant (2). »

Souvent dans les testaments on trouve des clauses semblables ; le testateur veut donner ses biens à deux

---

1. S., 1832.1.44.

2. Cassation, 25 février 1885, S., 1885.1.216.

frères, mais il désire qu'au décès de l'un, soit qu'il
meure avant sa majorité, soit qu'il décède sans enfants, les biens passent sur la tête de l'autre ; le double legs sous condition suspensive permettra de faire
une disposition valable (1).

Seulement, dans ces espèces simplistes — legs
alternatifs faits tous deux sous condition suspensive
et sans addition de legs d'usufruit — le testateur n'atteint pas le but qu'il se proposait vraisemblablement.
En attendant l'échéance ou la défaillance de la condition, la propriété continue à résider sur la tête de
l'héritier, de sorte que, provisoirement, ni l'un ni
l'autre des légataires ne profite de la libéralité, qui
lui a été faite. Ce n'est pas ce que voulait le testateur. Il y a un des légataires qui, si la condition suspensive est « qu'il ne meure pas sans laisser de postérité » sera privé de tout émolument pendant sa
vie, et ce qui semble en contradiction évidente avec
la volonté du disposant: ce légataire est précisément
celui qui avait été visé en première ligne.

Les testateurs se sont évertués à écarter ce résultat, en joignant au legs alternatif sous condition
suspensive un legs d'usufruit au profit de la personne
qu'ils se proposaient de gratifier en première ligne en
« décomposant ainsi leur legs, en un double legs
« alternatif d'usufruit et de nue propriété (2). »

1. Cassation, 4 janvier 1876, S. 1876.1 28. — Cass , 23 décembre 1878,
S. 1879.1.399. — Cass., 16 juillet 1885, S. 1886.1.103. — Cass.,1er juillet
1891, S. 1891.1.337.

2. Tissier, p. 743, *Revue trimestrielle de droit civil*, année 1903.

En fait, la différence entre une disposition de cette
nature et une substitution ne paraît pas très sensible :
supposons, par exemple, que le disposant ait légué
la totalité ou une partie de son patrimoine, ou un
bien particulier à Primus, sous la condition « qu'il
laissera des enfants », et,cette totalité ou cette partie,
ou cet objet particulier à Secundus, sous la condition
suspensive « si Primus ne laisse pas d'enfant », qu'à
ces deux dispositions s'ajoute un legs d'usufruit au profit de Primus : en fait Primus jouira dans tous les cas
des biens pendant sa vie, il en deviendra même plein
propriétaire *in extremis*, s'il laisse, à son décès, une
postérité ; s'il meurt sans enfants, Secundus recueillera
les biens, à son décès, dans des conditions très analogues à celles qui se présentent au moment de l'ouverture d'une substitution. Bénéficiaire pendant sa vie
de la jouissance de la libéralité avec possibilité de
joindre, si la condition suspensive se réalise, la nue
propriété à l'usufruit (ce qui aurait pour conséquence
de valider les actes de disposition qu'il aurait faits
de son vivant), comptable, à sa mort, des biens qu'il
a reçus, si la condition est défaillie, Primus ne semble pas, au premier coup d'œil, dans une situation
différente de celle d'un légataire grevé de substitution.

Mais cette analogie de fait (plus apparente que
réelle) ne détruit pas la différence de droit, puisque
« l'arrivée ou la défaillance de la condition produira,
« d'après les principes généraux admis en matière de
« droits conditionnels, un effet rétroactif et que le

« légataire qui se trouvera définitivement appelé, suc-
« cédera d'une façon directe et immédiate au testa-
« teur, le droit de l'autre légataire sera considéré
« comme non avenu (1). »

D'ailleurs, il subsiste entre le legs conditionnel
même compliqué d'un legs d'usufruit et la substitution, une différence de fait essentielle, car, dans le
cas des legs conditionnels alternatifs sous condition
suspensive, chacun des légataires doit exister et être
capable de recevoir au moment du décès du testateur (article 906).

La jurisprudence allait-elle se laisser arrêter par l'espèce de trait d'union que le legs d'usufruit établissait
entre le legs alternatif sous condition suspensive
et la substitution ? Il n'en fut rien. Les legs alternatifs sous condition suspensive furent validés par la
Cour de cassation.

Depuis longtemps elle admet la validité des legs
conditionnels alternatifs faits l'un et l'autre sous condition suspensive, lors même qu'une clause d'usufruit vient s'y ajouter au profit de l'un des légataires,
qui, de cette façon, aura la jouissance des biens jusqu'à l'arrivée ou la défaillance de la condition.

La Cour de cassation, en effet, par un arrêt du 17 juin
1835 (2) admit la validité d'un testament par lequel
le sieur P... avait laissé l'usufruit de tous ses immeubles à la demoiselle O..., et il avait ajouté que « dans

1. Tissier, op. cit., p. 744 et 745.
2. S. 1836.1.44 et D. 1835.1.338.

« le cas où ladite O... viendrait à se marier et à laisser
« lors de son décès un ou plusieurs enfants légitimes,
« les biens que je viens de lui laisser en usufruit
« deviendraient, en ce cas seulement, sa propriété
« exclusive et, par conséquent, composeraient à ce
« titre sa succession, sans que mes héritiers pré-
« somptifs puissent rien y prétendre ».

En fait, le résultat était le même que celui que le
testateur eût atteint par un legs fait sous la condition
résolutoire du décès sans enfants ; mais le testateur,
par la combinaison d'un legs d'usufruit joint au legs
conditionnel de propriété, évitait ainsi la nullité que
la jurisprudence admettait alors dès qu'il s'agissait
de legs résolubles au cas du décès du légataire sans
enfants. Ce détour fut souvent utilisé : une série
d'arrêts concordants en reconnaît le caractère licite.

Cette jurisprudence devient bientôt très en honneur et nous ne trouvons partout que décisions conformes. Ainsi un arrêt du 8 février 1869 (1) admet la
validité d'un testament par lequel le disposant lègue
d'abord à sa nièce l'usufruit de ses biens, et ensuite
la nue propriété de ces mêmes biens « si elle se ma-
« rie avant qu'elle ait atteint l'âge de 36 ans et s'il
« existe des enfants ou des descendants d'elle à son
« décès pour lui succéder ». Et le même testateur
ajoute: « Et dans le cas où ma dite nièce ne recueil-
« lerait pas ladite nue propriété léguée par le défaut
« de la réalisation de la double condition suspensive
« ci-dessus et à laquelle double condition suspensive

1. S. 1869.1.355.

« demeure rigoureusement subordonné le legs de la
« nue propriété, je lègue cette nue propriété à l'hos-
« pice de C... »

L'arrêt du 19 mars 1873 (1) de la Cour de cassation
alla plus loin encore. Dans l'espèce, le disposant
avait légué ses biens à ses neveux mineurs, et il
avait ensuite inséré la clause suivante : « Si l'un ou
« plusieurs de mes neveux vient à décéder avant sa
« majorité ou son émancipation par mariage, les sur-
« vivants seront ses légataires universels. » Les légataires sont donc substitués réciproquement pour le
cas où l'un ou plusieurs d'entre eux viendraient à
décéder avant leur majorité. La Cour de cassation
décida cependant qu'il appartenait au juge de faire
ce que le disposant avait négligé de faire, et qu'en
conséquence il fallait valider quand même la clause
testamentaire (2).

La jurisprudence qui avait fait un accueil si cha-
leureux à la théorie du double legs alternatif sous
condition suspensive, se montra plus défiante et se
refusa pendant longtemps à sanctionner des legs
faits, soit sous condition résolutoire, soit alternati-
vement, à l'un sous condition suspensive et à l'autre
sous condition résolutoire.

A cette période initiale de son évolution, la jurisprudence — nous constatons, nous n'apprécions pas

1. S. 1874.1.5. — Cassation, 8 avril 1872, S. 1872.1.172.
2. De même : Cass., 20 avril 1885, S. 1885.1.440. — Cass., 10 novembre 1896, S. 1897.1.321. — Cass., 18 décembre 1900, D. 1901.1.121.

— n'admet la validité des legs alternatifs que lorsque les legs parallèles sont faits l'un et l'autre sous condition suspensive.

Elle repousse les legs alternatifs, lorsque l'un paraît fait sous condition suspensive, l'autre sous condition résolutoire : du moins, lorsque l'événement susceptible d'amener la résolution d'un des legs et l'ouverture de l'autre, doit se placer au décès du gratifié sous condition résolutoire.

Le type de cette seconde catégorie de legs alternatifs peut être présenté ainsi : Je lègue à Primus mon patrimoine, ou telle partie de mon patrimoine, ou tel bien particulier ; mais si Primus décède sans postérité je lègue à Secundus les biens compris dans ma libéralité au profit de Primus — ou j'entends que Secundus bénéficie du legs que j'ai fait au profit de Primus.

La libéralité au profit de Primus est faite sous la condition résolutoire de son décès sans enfants, la libéralité au profit de Secundus sous la condition suspensive inverse : du prédécès de Primus sans postérité. Le même événement jouant, comme on le voit, le rôle de condition suspensive à l'égard de l'un, de condition résolutoire à l'égard de l'autre, et cet événement ne pouvant se placer qu'au décès de l'un des légataires.

Dans les dispositions ainsi conçues, la jurisprudence, à tort ou à raison, — nous nous réservons de donner notre opinion sur ce point dans le chapitre suivant — voyait une substitution prohibée, parce qu'il

y avait, disait-elle, charge pour le premier gratifié
de conserver pendant sa vie et de rendre à son décès (1).

Notamment la jurisprudence a eu à examiner la
clause ainsi conçue : « Mon frère A... héritera de ma
« succession ; le tiers de l'héritage, s'il vient à mou-
« rir sans enfants, retournera à mes deux nièces B... »
Le tribunal de Rhodez déclara le 27 février 1840
qu'une telle clause ne renfermait pas de substitution
prohibée, mais la Cour de Montpellier infirma cette
décision le 24 mars 1841. « Attendu, au fond, que cette
« clause du testament présente tous les caractères
« d'une substitution prohibée ; qu'en effet on y trouve
« l'ordre successif et le trait de temps. A... est appelé
« au premier degré, les filles B... au second ; il est tenu
« de conserver et de rendre, si l'événement de la
« condition a lieu ; enfin, par l'effet de ce legs, la
« propriété réside d'abord sur la tête du grevé et
« passe ensuite aux appelés ; que toutes ces clauses
« caractérisent essentiellement une substitution pro-
« hibée. » Le 18 avril 1842, la Cour de cassation rejette
le pourvoi fondé sur la violation de l'article 896 en
ce que l'arrêt (de Montpellier) attaqué, a vu une substitution prohibée « dans une disposition qui, en défi-
« nitive, renfermait deux legs distincts l'un de l'usu-
« fruit, l'autre de la nue propriété ; legs valables parce

---

1. Cass., 3 novembre 1824, (S. chr.), 30 juillet 1827, (S. chr.), 21 juin
1841. S. 1841.1.603.

« qu'ils ne comportaient pas charge de conserver et
« de rendre (1) ».

De même, le 8 février 1854, la Cour de cassation
cassa un arrêt de la Cour de Dijon qui déclarait valable la disposition par laquelle un testateur léguait
à P... « la propriété de toutes les sommes que je pos-
« séderai au jour de mon décès. Dans le cas où P...
« viendrait à décéder sans postérité, tout ce que je
« lui donne devra revenir à ma famille » et déclara
que cette clause renfermait une substitution (2).

Ainsi la jurisprudence refusait d'admettre la validité du legs fait sous une condition résolutoire susceptible de se réaliser au décès du légataire : elle
considérait, en pareil cas, le légataire sous condition
résolutoire comme grevé conditionnellement de la
charge de conserver et de rendre à son décès, par
suite, comme grevé d'une véritable substitution fidéicommissaire.

Mise sous cette forme, la libéralité, sans que le dis-

1. S. 1842.1.525. Dans le même sens, Cass., 22 novembre 1842, S.
1842.1.914.

2 « Attendu, dit la Cour de cassation, qu'il résulte de ces disposi-
« tions que P... légataire, ne pouvait disposer de son legs, qu'après
« lui, devait revenir, au contraire, à la famille du testateur; que cette
« famille, appelée en deuxième ordre, était par lui préférée aux parents
« collatéraux du légataire; que celui-ci après avoir recueilli, devait
« restituer aux parents du testateur, à l'exclusion de tous autres.
« Attendu que ces deux ordres de succession ainsi établis, constituent
« la charge de conserver et de rendre, c'est-à-dire la substitution pro-
« hibée par l'article 896 du Code Napoléon. — D'où il suit qu'en déci-
« dant le contraire, l'arrêt attaqué a méconnu le caractère de cette
« disposition et viole l'article 896 du Code Napoléon. »

posant eût besoin d'y ajouter un legs d'usufruit, pro-
fitait successivement aux deux bénéficiaires visés :
c'est évidemment pour cela que la jurisprudence a
cru y découvrir *l'ordo successivus* caractéristique de
la substitution.

Cette jurisprudence d'une rigueur extrême et d'une
logique douteuse se maintint jusqu'en 1873. Il y a
pourtant un arrêt contraire, l'arrêt Lézé du 30 avril
1855 (1).

L'espèce restée classique, qui fut soumise à la Cour

---

1. Cet arrêt ne fut pas chronologiquement le premier, qui écarta
l'article 896 dans des dispositions de ce genre. En effet, la Cour de cassation avait proclamé dans une affaire Decherf, le 4 décembre 1843, la
légalité de la clause par laquelle un testateur, après avoir légué la
pleine propriété de ses biens à plusieurs individus, ajoutait que « si
« parmi eux, quelqu'un restait sans enfants, il aurait simplement
« l'usufruit sa vie durant. » Ici, jusqu'à l'événement de la condition,
la pleine propriété appartenait au légataire institué en premier ordre;
le substitué n'avait que les droits que lui confère habituellement la
substitution graduelle et conditionnelle c'est-à-dire une vocation
éventuelle à la nue propriété. Le conseiller rapporteur Mesnard envi-
sageait la situation d'une manière quelque peu différente. « Il est
« bien vrai que la propriété des biens passera aux colégataires, mais
« il n'est pas exact de dire que ceux-ci tiendront cette propriété du
« légataire décédé. Ce dernier avait un titre, la qualité d'usufruitier,
« pour justifier sa possession. Une double institution avait été faite :
« la première comprenant la pleine propriété sous une condition, la
« seconde comprenant seulement un usufruit dans le cas où la condi-
« tion prévue s'accomplirait. » La Cour de cassation rejeta le pourvoi formé contre l'arrêt du 16 juin 1842 de la Cour de Douai qui avait
déclaré valable cette disposition testamentaire. La substitution deve-
nait ainsi valable par cela seul que le *de cujus* avait eu soin de dis-
socier les éléments habituels. S. 1844 1 268.

d'Angers d'abord, puis à la Cour de cassation, et qui présente, dans tout son ensemble, la thèse du double legs conditionnel, est la suivante : « Dans le cas où « mon petit-fils E. L... mourrait sans postérité, je veux « qu'il soit réputé n'avoir recueilli qu'en usufruit sur « sa tête la moitié de ma succession ; dans le même « cas, je lègue la propriété de cette moitié, sous con- « dition suspensive, à mes neveux et nièces, qui la « recueilleront par souches. Si un ou plusieurs de « mes neveux et nièces mourait avant moi, laissant « de la postérité, j'appelle celle-ci à prendre la place « de ses père et mère. Il en résulte que mon petit- « fils ne possédera la moitié de ma succession, que « sous condition résolutoire, savoir qu'il mourra, lais- « sant de la postérité. »

Après cet énoncé de la disposition attaquée, nous ne saurions mieux faire, que de mettre en regard les deux interprétations opposées, dont elle fut l'objet, de la part du tribunal de première instance, d'abord, et ensuite de la Cour d'Angers et de la Cour de cas- sation. Leurs dispositifs forment les bases des deux opinions qui désormais se trouveront perpétuellement en opposition, et résument d'une façon parfaite, le point de droit que cette clause soulève.

Le tribunal d'Angers prononça la nullité de la dis- position.

« Attendu qu'il résulte du testament litigieux, que « la testatrice a entendu conserver au premier rang « dans sa succession l'héritier appelé par la loi, et la « faire passer ensuite à ses neveux et nièces, pour le

« cas où cet héritier décéderait sans postérité ; qu'une
« semblable disposition réunit tous les caractères
« d'une substitution fidéicommissaire, à savoir : 1° un
« héritier qui devra remettre à un tiers une partie
« de l'héritage ; 2° un laps de temps qui rendra suc-
« cessives deux transmissions de biens ; 3° l'ouverture
« au décès du grevé, du droit stipulé au profit des
« appelés... »

Par arrêt du 19 juillet 1854, la Cour d'Angers infir-
mait ce jugement, en décidant que, par suite de l'effet
rétroactif de la condition, chacun des légataires avait
été saisi de la chose léguée, dès le jour même de l'ouverture de la succession, qu'il n'y avait dès lors pas,
dans le testament, « cette double transmission suc-
« cessive, qui forme le caractère distinctif et essentiel
« de la substitution », et sa doctrine était reproduite
en ces termes par la Cour de cassation : « Attendu
« qu'il appartient à la Cour de cassation en toute
« question de donation attaquée comme contenant
« une substitution prohibée, de rechercher si, d'après
« les termes de l'institution et les volontés exprimées
« par le testateur, l'acte attaqué contient ou non une
« libéralité prohibée par la loi ;

« Attendu que la clause testamentaire dont il s'agit
« peut être interprétée comme contenant deux dona-
« tions conditionnelles distinctes : l'une d'usufruit,
« l'autre de nue propriété ; — que la condition, si elle
« se réalise, du vivant de la testatrice, aura cet effet
« que le premier donataire n'aura jamais rien reçu,
« et que la disposition testamentaire ne contiendra

« qu'une substitution vulgaire ; qu'en admettant que
« la condition ne vienne à se réaliser qu'après le
« décès de la testatrice, on doit encore reconnaître
« que les neveux et nièces de la testatrice ne rece-
« vront pas le bien seulement au décès du petit-fils
« mais directement du vivant de la testatrice qui leur
« en transmet elle-même la nue propriété par l'effet
« de sa volonté ; qu'ainsi, en décidant que la dispo-
« sition testamentaire dont il s'agit ne contenait
« qu'une libéralité conditionnelle, qui pouvait se ré-
« soudre, à l'égard du petit-fils, en une simple dona-
« tion d'usufruit, et en décidant qu'elle ne contenait
« ni obligation de conserver et de rendre, ni substi-
« tution, l'arrêt n'a pas violé la disposition de l'article
« 896 du Code Napoléon, et n'a fait qu'une saine ap-
« plication de la loi (1). »

Mais, quoi qu'il en soit de cette interprétation un
peu imposée, il est vrai, par la rédaction du testament, dans l'espèce que nous venons de reproduire,
ce n'est que quelques années plus tard que la jurisprudence conclut nettement à la validité de tous les
legs conditionnels.

Cet arrêt Lézé demeura, en effet, isolé : la jurisprudence semble avoir été elle-même effrayée par la
théorie nouvelle, que pour la première fois, elle venait de sanctionner et, faisant un retour en arrière,
elle continua, ainsi qu'elle l'avait fait précédemment,
à annuler comme substitutions prohibées les legs

1. Cass., 30 avril 1855, D. 1855.1.207 ; S. 1851.2.755 : S. 1856.1.67.

alternatifs, dont l'un était fait sous la condition résolutoire du décès avant la majorité ou du décès sans
enfants (1).

Ainsi que par le passé, la clause suivante fut déclarée comme entachée de substitution. « Je nomme et
« institue pour mon héritière, générale et universelle,
« ma nièce C..., et dans le cas qu'elle vint à décé-
« der sans enfants, j'institue alors pour mes héri-
« tiers... (2) »

Il en fut de même de cette clause : « Je donne et
« lègue aux frères B... par portions égales, mon do-

1. Cass., 13 août 1856, S. 1856.1.893. — Cass., 24 avril 1860, S.
1860.1.514. — Cass., 11 décembre 1860, S. 1861.1.185. — Cass., 1er
août 1864.S. 1864 1.408, — Cass., 31 mai 1865, S. 1865.1.353. — Cass.,
8 février 1869, S. 1869.1.355, 1re espèce. — Cass., 8 avril 1872, S.
1872.1.172.

2. Le tribunal civil de Pamiers considéra cette clause comme entachée de substitution et motiva son jugement du 6 juillet 1860 par
les termes suivants :

« Attendu que dans cette clause, on y trouve d'abord une première
« institution pure et simple en faveur de C... et, une deuxième au
« profit de N... dans le cas prévu par la testatrice; on y trouve en-
« suite l'obligation de conserver puisque la première instituée ne peut
« pas disposer du préjudice de la deuxième institution, qui comprend
« sans exception ni restriction tous les biens qui ont fait l'objet de la
« première; on y trouve enfin la charge de rendre, mais seulement au
« décès, puisque ce n'est qu'à ce moment qu'il sera possible de savoir
« si la légataire, instituée en premier ordre, laisse des enfants survi-
« vants... Attendu que les principes et les faits qui viennent d'être
« établis ne permettent de voir dans l'institution attaquée, que la subs-
« titution fidéicommissaire et prohibée ».

La Cour de Toulouse confirma cette décision par un arrêt du 9 avril
1861, et la Cour de cassation rejeta le pourvoi le 7 mai 1862, S.
1862.1.463.

« maine de M... et dans le cas où l'un d'eux vien-
« drait à décéder avant sa majorité, je veux que T...
« hérite de sa portion (1). »

C'est en 1873 seulement, et par son arrêt du 18 juin,
que la Cour de cassation se décida à valider le legs
alternatif conditionnel même dans le cas où l'un des
légataires était gratifié sous condition suspensive et
l'autre sous condition résolutoire : à considérer comme
échappant à la prohibition de l'article 896 la disposition faite au profit d'une personne sous condition
résolutoire de son prédécès sans enfants, et avec

---

1. Par un jugement du 10 août 1863, le tribunal civil de Tarbes décida que la disposition par laquelle un testateur, après avoir légué
un immeuble à deux de ses neveux et chacun par moitié, exprime la
volonté, que dans le cas où l'un de ses légataires viendrait à décéder
avant sa majorité, un troisième neveu T... hérite de sa portion, renfermait une substitution prohibée.

La cour de Pau adopta cette manière de voir le 23 mai 1864 en
confirmant le jugement précédent : un des considérants de son arrêt
est à signaler : « Attendu que les questions soumises à la Cour sont
« celles de savoir... 2° si cette clause ne constituerait pas simple-
« ment un legs conditionnel. Attendu que ce qui est conditionnel
« dans la clause c'est seulement le droit de T... qui ne doit s'ouvrir
« qu'à la condition qu'un des frères de B.. viendra à mourir avant sa
« majorité ; que la condition porte donc uniquement sur la substitu-
« tion elle-même; que toute substitution est subordonnée à une con-
« dition éventuelle, ce qui n'empêche pas qu'elle ne doive être annu-
« lée, lorsque comme dans l'espèce elle réunit tous les caractères de
« la substitution interdite par la loi. »

Comme dans l'hypothèse précédente, la Cour de cassation rejeta, le
4 décembre 1865, le pourvoi formé contre cet arrêt de la cour de Pau.
S. 1866.1.70.

attribution, dans cette hypothèse à une ou plusieurs autres personnes désignées dans le testament.

Rien n'était plus logique en soi que ce résultat : en effet du moment où les testateurs avaient à leur disposition grâce à l'arrêt Lézé un moyen aussi simple (1), de faire deux libéralités successives et valables, qui ne diffèrent de la substitution que par la façon d'être présentées et la qualification qu'on leur donne, pourquoi les tribunaux n'auraient-ils pas fait eux-mêmes cette analyse dans les cas où « le testateur a omis de les faire parce qu'il ignorait les subtilités de la loi (2) » ? et n'auraient-ils pas interprété les clauses soumises à leur examen comme deux legs conditionnels et non comme un fidéicommis ?

La Cour de Paris dans un arrêt du 19 juillet 1870, estima qu'elle avait le droit de procéder à cette décomposition. Dans l'espèce visée par cet arrêt, le testateur avait déclaré que ses héritiers : « étaient réciproque-« ment substitués les uns aux autres, pour le cas où « l'un ou plusieurs d'entre eux décéderait avant leur « majorité. » La Cour de Paris prétendit que le testateur avait eu l'intention de restreindre ceux de ses légataires, décédant avant leur majorité, à un simple

---

1. Ainsi que le fait observer M. Lambert (n° 802), l'interprétation donnée par l'arrêt de 1855 revenait à décomposer le testament en trois libéralités distinctes : 1° un legs d'usufruit ferme fait au premier gratifié; 2° un legs de nue propriété conditionnelle fait également à son profit; 3° un autre legs de nue propriété fait sous une condition inverse au deuxième gratifié.

2. M. Planiol, III, n° 3295.

usufruit : « Attendu que dans le premier cas — celui
« où tous les légataires arriveraient à leur majorité
« — il les a institués légataires universels en toute
« propriété ; et que, dans le second — où les légatai-
« res se marieraient avant leur majorité — il a réduit
« celui ou ceux qui ne parviendraient pas à leur
« majorité, à un legs de simple usufruit, et qu'il a
« donné aux survivants la part à laquelle auraient
« eu droit les prédécédés, si la première hypothèse
« prévue s'était réalisée ; qu'il se borne à faire deux
« legs conditionnels, l'un de toute propriété, et l'au-
« tre d'usufruit ».

La Cour de cassation permettrait-elle cette interprétation ? Elle ne fit aucune difficulté à l'admettre ;
elle devait bientôt aller plus loin que la Cour de Paris.
Non contente de rejeter le 19 mars 1873 le pourvoi
formé contre l'arrêt du 19 juillet 1870, elle cassa, en
outre, le 18 juin 1873, un arrêt de la Cour de Lyon (1)
qui avait reconnu une substitution prohibée dans une
clause pareille à celle qu'avait jugée la Cour de Paris.

Le 3 mars 1871, la Cour de Lyon avait annulé,
comme contenant une substitution prohibée, la disposition suivante : « J'institue pour mes légataires
« universels, conjointement entre elles, mes deux
« nièces, elles seront propriétaires du jour de mon
« décès, mais n'auront la jouissance qu'au décès de
« ma femme, à qui j'ai légué l'usufruit. Ce legs est
« fait à la condition qu'elles atteindront leur majo-

1. Lyon, 3 mars 1871 ; S. 1871.2.150

« rité, et si l'une ou l'autre mourait avant cet âge
« sans enfants, je veux que le legs, en ce cas, profite
« à mes héritiers naturels. »

La Cour de cassation admit le pourvoi formé contre cette décision et déclara valable la clause du testament : « Attendu qu'une disposition ainsi formulée
« n'affecte pas nécessairement, par elle-même, les
« caractères de la substitution définie et prohibée par
« l'article 896 du Code civil ; qu'elle n'affecterait ces
« caractères, qu'autant que le testateur aurait mani-
« festé l'intention d'opérer deux transmissions suc-
« cessives et de faire ainsi deux libéralités venant,
« non l'une à défaut de l'autre, mais l'une après l'au-
« tre, et conférant la propriété aux premiers gratifiés
« sur la tète desquels elle persisterait avec tous ses
« attributs, mais sans la charge de conserver et de
« rendre, jusqu'à leur décès, pour passer alors seule-
« ment sur celle des gratifiés en second ordre s'ils
« existaient en ce moment (1). »

1. La Cour ajoutait : « Attendu qu'un seul et même legs purement
« conditionnel et subordonné à une éventualité incertaine, dont l'ac-
« complissement, soit qu'il s'agisse d'une condition suspensive, soit
« qu'il s'agisse d'une condition résolutoire, aurait pour effet de rendre,
« comme non avenu, le legs soumis à une telle condition, et, par con-
« séquent, de donner du jour même du décès du testateur, et en vertu
« de la seule vocation de la loi, ouverture aux droits de ses héri-
« tiers naturels existant ce jour-là ; que rien dans les termes de la
« disposition dont il s'agit n'implique, de la part du testateur, l'ins-
« titution de deux ordres successifs de légataires devant transmettre
« de l'un à l'autre l'objet d'une double libéralité...; que l'on n'y saurait
« voir qu'un seul et même legs purement conditionnel et subordonné
« à une éventualité incertaine... » S. 1874, 1, p. 10.

Dans cet arrêt, la Cour de cassation admettait
nettement la validité d'un legs sous condition résolutoire, joint à un legs sous condition suspensive : elle
basait sa décision — comme elle l'avait fait déjà pour
les dispositions parallèles sous condition suspensive
— sur ce que, l'accomplissement de la condition
résolutoire produisant un effet rétroactif, le gratifié
qui bénéficiait de sa réalisation était censé avoir
toujours eu la propriété des choses léguées, ce qui
écartait les caractères de la substitution : double
transmission de propriété et ordre successif. Ainsi
les tribunaux n'avaient pas seulement le droit d'interpréter dans le sens de la validité les dispositions
testamentaires entachées de substitution ; cette interprétation était même obligatoire pour eux : tous les
fidéicommis devaient être décomposés par les tribunaux en deux legs conditionnels, quelle qu'ait été
l'intention du testateur.

Dès lors : « on pouvait croire légitimement, fait
« remarquer M. Lambert (1), après ces décisions — si
« nettes et si franches — de la Cour de cassation, qu'on
« n'invoquerait plus désormais l'article 896 ; que les
« articles 1040 et 906 resteraient seuls en présence...
« Loin de clore la discussion, les arrêts de 1873 la
« ravivèrent plus que jamais, la matière des substi-
« tutions est devenue une source intarissable de
« procès. Il semble que la Cour de cassation ait été
« effrayée de la netteté de la jurisprudence affirmée
« par elle en 1873. »

1. Lambert, *De l'exhérédation*, n° 816.

En effet, dès l'année suivante, la Cour de cassation, dans un arrêt du 27 avril 1874 (1), décidait que les juges du fait avaient seuls le pouvoir de rechercher les intentions du testateur : « Attendu, dit ce dernier « arrêt, que l'interprétation (donnée par les premiers « juges) n'est point contraire aux termes employés « par le testateur et est conforme à son intention, « qu'il appartenait aux juges du fond de rechercher. « Qu'après avoir ainsi fixé le sens de la clause liti- « gieuse, l'arrêt a dû déclarer l'existence d'une subs- « titution prohibée et prononcer, par suite, la nullité « de la disposition tout entière, soit au respect de la « légataire grevée, soit au respect des appelés. Qu'en « statuant ainsi, l'arrêt dénoncé a exactement appli- « qué l'article 896. »

La Cour de cassation abandonnait ainsi la doctrine qu'elle avait proclamée dans l'arrêt du 18 juin 1873 — de l'obligation pour le juge de procéder, afin de valider la substitution, à une décomposition de la disposition en legs conditionnels valables, — et abandonnait la solution aux juges du fond en en faisant une question d'interprétation de la volonté du testateur.

Il en résulta, d'ailleurs, des revirements inattendus et des oscillations regrettables dans les décisions des tribunaux. Et, comme le dit très à propos M. Tissier, la jurisprudence de 1873 peut être désormais considérée comme dominante plutôt que « définitivement établie » (2).

1. S. 1874.1.315 voir dans cet arrêt le rapport du conseiller Connelly.
2. Tissier, *Revue trimestrielle*, p. 573.

L'application systématique de l'article 1040 n'existait donc plus. On rencontre, en effet, même après 1873, des arrêts qui ont annulé des testaments par lesquels, au cas de décès sans enfants du légataire appelé à recueillir les biens, ceux-ci étaient attribués à d'autres personnes (1).

Ces arrêts ont été assez nombreux, pour que M. Léon Michel s'en soit autorisé pour soutenir que la jurisprudence n'avait pas accepté cette seconde combinaison — legs parallèles dont l'un est affecté d'une condition résolutoire destinée à s'accomplir au décès du gratifié — et qu'elle se refusait à la distinguer des substitutions: « La théorie du double legs condition-« nel telle que la jurisprudence l'applique, n'est pas « fondée, comme on le croit généralement, sur l'effet « rétroactif de la condition ; elle repose essentielle-« ment, au contraire, sur la distinction de la condi-« tion résolutoire et de la condition suspensive : « lorsque la disposition attribue au premier gratifié « la propriété sous condition résolutoire, elle cons-« titue une substitution prohibée; pour qu'elle soit « valable, comme double legs conditionnel, il faut « qu'elle lui confère la propriété sous condition sus-« pensive (2). »

---

1. Cassation, 7 mars 1876. S. 1877.1.17; Cass , 15 mai 1877. S. 1877. 1.264; Cass., 28 décembre 1881. S. 1882.1.155; Cass., 10 février 1891. S. 1891.1.105; Cass., 27 juin 1894. D. 1895.1.204.

2. D. 1899.1.209, note de M. L. Michel sous l'arrêt de cassation, 10 novembre 1896.

Dans cette longue dissertation insérée au Dalloz,
M. Léon Michel s'est attaché à démontrer que la disposition contenant deux legs des mêmes biens faits
sous une condition dont l'accomplissement ne peut
être vérifié qu'au décès du premier gratifié, constitue
une substitution prohibée, lorsqu'elle attribue au premier gratifié la propriété sous condition résolutoire,
et qu'elle ne saurait être validée comme comportant
un double legs conditionnel que si elle lui confère
la propriété sous condition suspensive. Cette distinction se dégagerait, selon cet auteur, de l'ensemble
de la jurisprudence, bien que contredite par les termes de certains arrêts (notamment celui du 18 juin
1873) et serait impérieusement commandée par les
principes.

Nous ne nous attarderons pas à la réfutation de ce
système. Il repose tout entier, à notre avis, sur une
conception fausse de l'idée de condition. Il nous
paraît inexact de dire que, avant la réalisation de la
condition suspensive, la propriété n'appartient à personne. Un propriétaire devenu propriétaire sous une
condition, qui suspend l'attribution de propriété à
son profit, appelle forcément, à titre de complément,
un propriétaire devenu (ou resté) propriétaire sous
la même condition, qui va suspendre la résolution
de la propriété à son détriment. Et ces règles ne
reçoivent, en droit français, aucune dérogation en
matière d'hérédité. Qu'une condition suspensive rende
le droit du légataire incertain quant à son acquisition, et, par une conséquence forcée, la même con-

dition rendra le droit de l'héritier incertain quant à
sa conservation. Il n'y a donc pas deux sortes de
condition, l'une suspensive qui laisserait le bien sans
maître ; l'autre résolutoire qui fixerait le sort de la
propriété, sauf résolution ultérieure ; il n'y a qu'une
seule condition basée sur l'état d'incertitude du disposant, condition qui crée l'incertitude dans l'attribution de la propriété,dont elle suspend l'acquisition
pour la personne qui a chance d'acquérir le bien et
la résolution pour la personne qui a chance de le
perdre.

La théorie de M. Léon Michel n'est aujourd'hui en
aucune façon en conformité avec les arrêts : la validité des legs sous condition résolutoire n'est pas plus
contestée en jurisprudence que celle des legs sous
condition suspensive.

Au surplus, comme le fait remarquer M. Planiol,
la distinction que présente M. Michel n'est, en réalité,
qu'une question de mots. Étant donné qu'il est possible de faire séparément un legs d'usufruit : « Si un
« fait déterminé, pris comme condition résolutoire,
« doit rendre l'acte nul, il n'y a qu'à exprimer le fait
« inverse, pris comme condition suspensive, pour
« rendre la combinaison valable (1). »

Mais la solution qui avait été admise de 1873 à 1876,
reparaît, par contre, dans un certain nombre d'arrêts (2). Nous nous bornerons à résumer l'arrêt que

1. M. Planiol, *Traité de droit civil*, III, n° 3295, note 2.

2. Limoges, 23 juin 1886. D. 1887.2.78 ; Cassation, 7 janvier 1889,

rendit la Cour de cassation le 10 avril 1894 (1): en
présence d'un testament par lequel le testateur, après
avoir légué à son fils la moitié de sa fortune en toute
propriété et l'autre moitié en jouissance sa vie durant,
a disposé qu'au décès de celui-ci, toute la jouissance
de cette seconde moitié reviendra à ses neveux et
nièces, il appartient aux juges du fait de décider que
le *de cujus* a entendu léguer à son fils la toute propriété de la moitié de sa fortune et l'usufruit seulement de la seconde moitié, la nue propriété de cette
seconde moitié devant être attribuée à ses neveux et
nièces ; et en le décidant ainsi, les juges du fait ne
dénaturent ni ne refont l'œuvre du testateur, et n'ex-
cèdent pas les limites du pouvoir d'interprétation,
qui leur appartient.

Désormais, la jurisprudence valide les dispositions,
connues sous l'appellation de doubles legs conditionnels : elle consacre ainsi le principe d'une différence essentielle entre la substitution et le legs conditionnel. Elle admet très nettement que l'article 896
ne prohibe pas les legs alternatifs, dont l'un est sous
condition suspensive, l'autre sous condition résolutoire, alors même que la condition ne doit se
réaliser qu'au décès du légataire, et que les biens
légués devraient alors appartenir à un autre légataire. Cette théorie est admise notamment dans un

S. 1891, 1.461 ; Cassation, 1er juillet 1891. S. 1891.1.337 ; Cassation,
2 février 1892. S. 1892.1.341 ; Besançon, 18 novembre 1896. S. 1896.
2.32.

1. S. 1894.1.503.

ar rêt de la Cour de cassation du 20 juin 904 (1).

Voici quelle en était l'espèce : Mme veuve Richard déclare par son testament, léguer à son fils Auguste une maison et les meubles la garnissant, ainsi que deux autres immeubles, et elle ajoutait : « Si Auguste « ne laisse pas d'enfants, il laissera tout ce que je « viens de lui donner à sa sœur Marie ou à une de « ses filles. »

« Attendu, dit la Cour, que cette disposition ne « peut être considérée comme une substitution fidéi- « commissaire, interdite par la loi, qu'elle ne ren- « ferme point une double institution, les deux léga- « taires ne devant bénéficier de la libéralité, non l'un « après l'autre, mais l'un à défaut de l'autre ; qu'on « n'y rencontre pas davantage un ordre successif « laissant passer les biens légués d'un premier gra- « tifié, venant à mourir, à un second gratifié, mais « une alternative, ayant pour effet d'attribuer lesdits « biens à celui seul en faveur de qui la condition se « réalisera; qu'enfin, elle n'implique pas la charge « de conserver et de rendre, parce que les choses « léguées se confondront avec les autres biens du « gratifié définitivement saisi, et devront être, comme « eux, dévolus et partagés conformément à la loi ou « à la volonté du bénéficiaire. »

La tendance de la jurisprudence est donc en faveur de la validité des legs conditionnels alternatifs, soit que la disposition se présente sous la forme de deux

1. S. 1906.1.81 et la note de M. Tissier.

libéralités l'une et l'autre affectées d'une condition
suspensive, soit qu'elle révèle l'aspect de deux libéralités dont l'une est faite sous condition suspensive
et l'autre sous condition résolutoire.

C'est ce que constatent tous les auteurs. M. Lambert s'exprime ainsi: « La Cour de cassation a rare-
« ment cassé les décisions rendues en cette matière.
« Quand elle s'y est hasardée, elle a interprété les
« clauses litigieuses tantôt comme contenant des
« legs conditionnels, tantôt comme constituant des
« substitutions. Le plus souvent, elle se contente de
« rejeter les pourvois formés contre les décisions
« rendues par les Cours d'appel dans un sens ou
« dans un autre (1). »

M. Tissier fait la même constatation en des termes
beaucoup plus explicites: « La jurisprudence se
« montre de plus en plus favorablement disposée à
« admettre la validité des legs conditionnels alter-
« natifs dont l'un est sous condition suspensive et
« l'autre sous condition résolutoire, alors même que
« l'événement qui est susceptible de résoudre le droit
« d'un des deux légataires et de faire naître le droit
« de l'autre doit se placer au décès du premier (2). »

Nous trouvons les mêmes expressions dans une

1. M. Lambert, *De l'exhérédation*, n° 817. — De même M. Planiol,
Traité de droit civil, t. III, n° 3295, 3ᵉ édition; — Baudry-Lacantinerie et Colin, *Donations et testaments*, II, n° 3158 et s.; — Huc sur
art. 896, n° 6, 9 et 19. — Voyez cependant Léon Michel, *loc. cit.* D.
1899.1.209, et M. Pilon, notes au S. 1903.2.273 et S. 1903.1.401.

2. M. Tissier, *Revue trimestrielle de droit civil*, année 1903, p. 754.

note qui accompagne l'arrêt de la Cour de cassation du 18 décembre 1900 (1): « Il est admis en jurispru-« dence que deux dispositions portant sur les mêmes « biens, et les attribuant d'abord à un premier gra-« tifié sous une condition dont l'accomplissement ne « peut être vérifié qu'à son décès, et, au cas où cette « condition viendrait à défaillir, à un second grati-« fié, doivent être validées comme constituant un « double legs conditionnel alternatif. »

Faut-il donc conclure de là, comme l'ont fait quelques auteurs (2), que la jurisprudence a effacé ou tend à effacer du Code l'article 896? Non, car entre la substitution et le legs conditionnel, il subsistera toujours cette différence caractéristique, que la substitution a pour but de gratifier en seconde ligne des personnes nées ou à naître, tandis que la validité du double legs conditionnel requiert l'existence, au moment du décès du disposant, des deux gratifiés.

Sans doute, lorsque les deux gratifiés seront l'un et l'autre vivants et capables de recevoir au moment de ce décès, le double legs conditionnel fournira un moyen facile de tourner la prohibition de l'article 896, mais c'est dans ce cas seulement que la loi sera éludée: ajoutons d'ailleurs que dans bien des cas — non dans tous cependant — le disposant sera peu tenté de recourir en pareille occurrence à l'artifice

1. D. 1901.1.121 et la note signée T.P.
2. M. Lambert, *loc. cit.*, nᵒˢ 812 à 817; — Labbé, S. 1874.1.5; — M. Planiol, III, nᵒ 3297. — *Contra*, M. Tissier, note au S. 1906.1.81.

du double legs conditionnel et que souvent il atteindra son but par le moyen élémentaire du legs de l'usufruit à l'un des bénéficiaires et de la nue propriété à l'autre.

Mais est-ce bien là toute la différence entrevue par la jurisprudence entre le double legs conditionnel et la substitution ? Non. Tant que la jurisprudence n'aura pas été jusqu'à admettre que la condition suspensive à l'égard de l'un, résolutoire à l'égard de l'autre, peut consister dans la simple survie du second bénéficiaire au premier ; tant qu'elle exigera que le disposant ait en vue un autre événement futur et incertain (le plus fréquemment cet événement est l'absence de postérité du premier gratifié au moment de son décès), la distinction entre le double legs conditionnel alternatif et la substitution ne se réduira pas à une simple question de conception au moment du décès du testateur.

Le jour où ce pas sera franchi — et un certain nombre d'auteurs (1) font campagne dans ce but — on pourra dire qu'il ne reste que bien peu de chose de l'article 896.

En attendant, la jurisprudence, telle qu'elle se présente actuellement, fait de la distinction des legs alternatifs permis et des substitutions prohibées, une question d'interprétation laissée aux juges du fait. Aussi « l'incertitude la plus complète règne dans la

1. M. Tissier, *loc. cit.*, S. 1906.1.81, et *Rev. trimestrielle*, année 1903 ; — Labbé, S. 74.1.5.

« jurisprudence. Les cours d'appel ont admis ou re-
« jeté à leur gré des dispositions analogues à celles
« dont les arrêts de 1873 avaient proclamé la légiti-
« mité, sans qu'il soit possible d'apercevoir, dans les
« espèces qui leur ont été soumises, un motif quel-
« conque qui puisse justifier cette différence de trai-
« tement » (1).

Aussi arrive-t-il que, dans des cas absolument identiques, les solutions soient différentes (2). Nous n'en
voulons pour exemple que deux arrêts rendus la
même année, l'un par la Cour de Limoges, l'autre
par la Cour de Paris.

Dans l'espèce qui était soumise à Limoges (3), le
testateur avait légué ses biens en propriété à un mineur et à d'autres colégataires : il y avait transmission successive d'un même bien à deux personnes distinctes, la deuxième transmission ne s'opérait
qu'au décès du premier gratifié ; enfin les biens légués
étaient frappés d'indisponibilité, et chaque légataire
était tenu de conserver et de rendre à un tiers. La
Cour de Limoges décida cependant que l'article 896

1. M. Lambert, loc. cit., n° 817, fine.

2. On peut comparer notamment d'une part les arrêts de Chambéry,
2 janvier 1874, S. 1874.2.55 ; Bordeaux, 13 août 1873, S. 1874.2.55,
qui appliquent l'article 896, et d'autre part les arrêts de Lyon, 30 juin
1876, S. 1876.2.324 ; Caen, 23 février 1875, S. 1875.2.102 ; Cassation,
22 juillet 1875, S. 1875.1.405 qui ont écarté cet article ; ou encore l'arrêt de Cassation, 2 juin 1875, S. 1877.1.103 et ceux du 7 mars 1876, S.
1877.1.77 ; du 15 mai 1877, S. 1877.1.264 ; Cassation, 28 décembre 1881,
S. 1882.1.155.

3. Limoges, 7 février 1900, S. 1903.2.273.

n'était pas applicab'e et qu'on ne se trouvait en présence que d'une seule libéralité, un double legs alternatif.

La Cour de Paris eût pu tout aussi bien que celle de Limoges, valider la disposition qui se présentait à elle. Le testateur avait, en effet, légué ses biens à un premier gratifié, et stipulé que, au cas où celui-ci n'aurait pas d'enfants, le legs reviendrait à d'autres personnes. Les juges se refusèrent à reconnaître qu'il y avait là un double legs alternatif. « La « disposition dont bénéficie le mineur, dit l'arrêt, « eût-elle été faite sous condition résolutoire et celle « dont bénéficie la famille du testateur (appelée en « second ordre) sous condition suspensive » ; le testament serait, en ce cas, sans valeur et présenterait, sous une forme détournée, les caractères d'une véritable substitution fidéicommissaire, puisque la transmission des biens ne s'opérera qu'au décès (1).

Les tribunaux ont à se demander, d'après la jurisprudence de la Cour de cassation, si le disposant « a voulu ou non faire une substitution. » Les legs alternatifs dont l'un est sous condition suspensive, l'autre sous condition résolutoire et qui sont combinés de telle sorte que la résolution se produise au moment du décès du premier gratifié, ne constituent pas nécessairement une substitution prohibée (2) ;

1. Paris, 5 novembre 1900, S. 1903.2.273. La Cour de Cassation rejeta le pourvoi le 2 décembre 1903, D. 1904.1.182. S. 1907.1.500.

2. Voir spécialement les motifs de l'arrêt de Paris, 21 janvier 1909, S. 1909 2.271, infirmant un jugement du tribunal de Nogent-le-Rotrou en date du 9 août 1907, qui avait reconnu une substitution dans

mais « suivant les circonstances les juges peuvent
« voir dans cette combinaison une véritable substi-
« tution : il leur appartient de décider, s'il y a deux
« libéralités successives, ou si l'une des deux libéra-
« lités doit être anéantie par l'arrivée de la condi-
« tion » (1).

Aussi ce système — basé sur l'intention du testateur — aboutit pratiquement, suivant les circonstances, tantôt à valider la disposition au moyen de l'ar-
cle 1040 (2), tantôt à l'annuler aux termes de l'article
896 (3).

la disposition suivante : «Je laisse après moi tout ce que je possède
« à mes deux nièces, Isabelle et Blanche Hayes, pour qu'elles en jouis-
« sent en pleine propriété ensemble toute leur vie et que cela reste
« en entier à celle qui vivra la dernière »

1. Tissier, *Revue trimestrielle de droit civil*, 1903, p. 758.

2, 3. Bornons-nous à signaler les derniers arrêts rendus en cette matière :

A) Ont appliqué l'article 896 et annulé les dispositions testamentaires qui leur étaient soumises, comme entachées de substitution :
Cour de Paris, 5 novembre 1900, S. 1903.2.273 ; Alger, 2 février
1900, S. 1901.2.33, D. 1901.2.446 ; Besançon, 8 août 1900 sous Requête,
24 décembre 1901, D. 1903.1.124 ; Cassation, 7 mai 1900, S.1901.1.189,
D. 1900.1.378 ; Cassation, 8 août 1900, S. 1902.1.506 ; Cassation, 24 décembre 1901, S.1902.1.506, D. 1903.1.121 ; Cassation, 16 février 1903,
S. 1903.1.401, D. 1904.1.189 ; Cassation, 2 décembre 1903, D. 1904.1.182 ;
Paris, 7 janvier 1904, *Gazette des tribunaux*, 2 juillet 1904 ; Poitiers,
13 février 1906, P. 1906.2.107 ; Tribunal civil de la Seine, 11 décembre
1908, *Le Droit*, 6 mai 1909.

B) Ont appliqué l'article 1040 et validé comme doubles legs conditionnels alternatifs, des clauses identiques : outre les arrêts précités
de Cassation, 10 novembre 1896. D. 1899.1.209 ; Cassation, 18 décembre 1900, D. 1901.1.121 ; Cassation, 20 juin 1904, S. 1906.1.81 ; men-
tionnons : Paris, 24 mars 1902, S. 1906.2.36, D. 1903.2.702 ; Nancy,

En guise de conclusion à ces longs développements
consacrés à l'évolution de la jurisprudence en notre
matière, nous résumerons la théorie de la Cour de
cassation, telle qu'elle se dégage actuellement de ses
derniers arrêts, de la manière suivante : une disposition par laquelle une personne est investie de la
propriété sous cette condition que, si elle meurt
avant d'avoir atteint un âge déterminé, ou si elle
meurt avant une autre personne, les biens seront recueillis par une (ou cette) autre personne dénommée,
ne constitue pas forcément une substitution ; pour lui
attribuer une qualification autre, qui lui permettra
de passer à côté de l'article 896, il suffit qu'une interprétation bienveillante la décompose en deux legs
conditionnels. Sans doute, en définitive les choses
se passeront exactement, comme s'il y avait eu substitution, mais le résultat identique en fait, est obtenu
par un mécanisme juridique différent : la substitution implique deux transmissions successives, venant
non à défaut l'une de l'autre, mais l'une après l'autre ; dans la double disposition conditionnelle, grâce
à l'effet rétroactif de la condition, il n'y a qu'une
seule transmission ; selon l'événement, l'un ou l'autre des deux légataires conditionnels sera censé avoir

8 mars 1905, S. 1906.2.36, D. 1905.2.336 ; Cassation, 6 mars 1905 S.,
1905.1.347, D. 1905.1.450 ; Cassation, 27 juin 1905, S. 1906.1.85 ;
Rennes, 17 juillet 1907, *Revue nouvelle de notariat*, 1907, p. 651 ; Cassation, 22 avril 1907, D. 1907.1.291; Lyon, 7 janvier 1908, S.
1908.2.167 ; Cassation, 24 juin 1908, D 1908.1.477 ; Paris, 21 janvier
1909, S. 1909.2.271, *Le Droit*, 16 juin 1909.

eu dès l'origine une propriété libre et irrévocable ;
par là même, il n'est plus question, à proprement
parler, ni d'ordre successif, ni de charge de conserver et de rendre : tous les éléments caractéristiques
de la substitution sont éliminés.

Il nous reste à examiner la valeur juridique de ce
procédé, qui consiste à résoudre par des considérations de fait une question fondamentale de notre
droit successoral, sanctionnée par une prohibition
d'ordre public : c'est l'objet du chapitre suivant.

CHAPITRE III

Appréciation critique du système
de la jurisprudence

Avant d'examiner le système, que la jurisprudence
a peu à peu élaboré, depuis la promulgation du Code,
en matière de legs conditionnels, nous devons délimiter et indiquer au préalable, le point précis sur
lequel portera la discussion ; nous ne nous occuperons dans ce chapitre que du double legs conditionnel sous sa forme à la fois la plus complète (1) et à
la fois la plus voisine de la substitution : autrement
dit, nous envisagerons seulement l'hypothèse des legs
conditionnels alternatifs — l'un sous condition suspensive, l'autre sous condition résolutoire — quand
l'événement, qui est susceptible de résoudre le droit

1. Les raisons que nous invoquerons pour combattre la théorie de
la jurisprudence, s'appliquent également et *a fortiori* aux conceptions
premières de ce système (legs sous condition suspensive unique, sous
condition résolutoire unique,... car toutes reposent sur le même principe de la rétroactivité de la condition plus ou moins largement appliqué. Ce serait vrai également des dispositions conditionnelles, aux
quelles est jointe une clause d'usufruit: l'adjonction d'une pareille
clause n'est qu'un élément secondaire ajouté à la théorie du double
legs conditionnel.

de l'un des deux légataires et de faire naître le droit de l'autre, doit se placer au décès du premier.

Quand l'éventualité de la condition dépend de toute autre circonstance, le legs conditionnel peut bien aboutir en fait à des résultats analogues à ceux de la substitution, mais, au point de vue juridique, aucun rapprochement n'est possible entre ces deux modes de disposer : un des éléments essentiels de la substitution manque : le trait de temps fixé au décès.

On a vu, en retraçant l'évolution de son système, que la jurisprudence consacre le principe d'une dif_ férence essentielle entre les substitutions prohibées et le double legs conditionnel ; voyons sur quels arguments s'appuie la jurisprudence pour soutenir son système.

Le caractère essentiel, dit-on, des substitutions consiste dans une double transmission de biens successive, au profit de deux personnes distinctes venant, non l'une à défaut de l'autre, mais l'une après l'autre, de sorte que la personne première instituée, devenant propriétaire des biens substitués, dès l'instant de la donation ou de l'ouverture de la succession, est obligée de conserver ces mêmes biens entre ses mains, sans pouvoir les aliéner, et, de les rendre à son décès, au tiers appelé en second ordre. Cet appelé, il est vrai, tient ses droits du testateur, mais il ne recueille pas de lui directement les biens, il les reçoit du grevé sans rétroactivité. De plus, il n'a pas à prouver qu'il était vivant et capable au décès du disposant : il succède au grevé et c'est au décès de celui-ci seulement qu'il devra exister. En résumé, dans toute substitution il y a une double transmission des mêmes biens : il y a deux libéralités successives.

Tout autre est le mécanisme du double legs conditionnel : là une seule transmission a lieu en raison du principe de rétroactivité de la condition. En effet, il faut attendre que la condition soit arrivée pour savoir quel sera le propriétaire définitif des biens : la personne, qui aura recueilli au jour du décès du disposant les biens affectés de cette condition, verra ses droits anéantis et annulés au jour de ce même décès ; l'autre légataire appelé à bénéficier de cette condition reçoit les biens, qui font l'objet de la disposition, francs et quittes de toutes charges réelles antérieures, et, par fiction, est investi de la propriété de ces biens, du jour même du décès du disposant, sans qu'il y ait lieu de tenir compte de la propriété intermédiaire et résolue,

Avec ce système, il est facile d'établir, théoriquement du moins, une ligne de démarcation très nette entre le legs conditionnel et la substitution. Dans cette dernière, l'appelé succède au grevé sans rétroactivité (1); dans le legs, au contraire, un seul gratifié succède au défunt, il y a non plus double mais sim-

1. Plus loin nous démontrerons que toute substitution est soumise à une condition : la survie de l'appelé au grevé. Ne pourrait-on pas objecter aux partisans de la jurisprudence, que le principe de la rétroactivité aboutirait également à ne voir dans la substitution — disposition conditionnelle aussi — qu'une seule transmission.

ple transmission. « La résolution enlève tout droit au
« premier gratifié ; celui-ci n'a rien à transmettre.
« La condition suspensive qui se réalise au profit
« du second gratifié a un effet rétroactif, et le droit
« de ce dernier lui vient directement du testateur ;
« leurs droits se touchent sans intermédiaire, comme
« leurs existences se sont touchées (1). »

Cette théorie jurisprudentielle, acceptée depuis
longtemps par la Cour de cassation et les Cours d'appel, repose-t-elle sur des fondements indiscutables ?
Est-elle conforme aux principes de notre droit civil ?
Oui, peut-on répondre si l'on s'en tient aux apparences ; mais si l'on examine de très près la structure
et le fonctionnement du double legs conditionnel, on
est forcé de conclure par la négative.

Nous essaierons de démontrer que ces décisions
judiciaires sont bien moins juridiques qu'elles le
paraissent à première vue, et, qu'au contraire, elles
portent atteinte aux termes formels de la loi et aux
règles générales du droit. Dans le but de faire disparaître la règle prohibitive de l'article 896, on a tenté
d'introduire dans cette matière une distinction dont
il n'existe pas de trace dans le Code. On a voulu,
parmi les libéralités faites à une personne en vue du
prédécès d'un précédent bénéficiaire, trouver, d'un
côté des legs conditionnels valables, de l'autre des
substitutions prohibées, nulles en vertu de l'arti-

---

1. Labbé, note au S. 1874.1, p. 9, et Tissier, *Revue trimestrielle*,
année 1903, p. 767.

cle 896 : les textes répugnent à cette distinction, et cela suffit pour la faire condamner.

C'est le principe même de la distinction entre la double transmission et la transmission unique produite par l'effet rétroactif de la condition, que nous refusons de reconnaître.

Nous nous efforcerons de démontrer que le système de la jurisprudence repose en réalité sur une interprétation fausse, et de la fiction de la rétroactivité de la condition, et de la double transmission, caractère premier des substitutions, qu'il est contraire à l'article 1040 et à l'article 896, dont il méconnaît l'esprit et le texte, et qu'il réduit à l'état de texte inutile, et de lettre morte.

Ce système aboutit à esquiver et à violer une disposition d'ordre public, car il fait d'une question de nullité une question d'interprétation souveraine de volonté. Enfin il ouvre la porte à un arbitraire toujours dangereux, surtout dans la matière d'une prohibition dictée par des motifs d'ordre public : les testateurs n'ayant aucun critérium décisif, qui leur permette d'escompter la validité de leurs dispositions, et devant s'en rapporter au hasard des procès.

Le pivot du système jurisprudentiel est, ainsi qu'on l'a exposé plus haut, la théorie de la rétroactivité : grâce à celle-ci, on peut voir suivant les espèces tantôt deux transmissions, tantôt une seule transmission. Cette conception répond-elle à quelque nécessité ? Nous ne le croyons pas.

La rétroactivité est inutile pour expliquer le jeu

de la condition dans les legs: elle est une fiction (1), dont le but est d'effacer les conséquences légales d'une situation, qui s'est produite antérieurement, et elle est impuissante contre le fait même de l'existence de cette situation. Semblable au *deus ex machina*, auquel on a recours pour sortir d'une impasse sans issue ou pour imposer une solution plus ou moins vraisemblable, elle permet, sinon d'expliquer, tout au moins de faire admettre certains résultats d'une situation, qui rationnellement ne pourraient se produire.

Avec la rétroactivité, en effet, il faut admettre que le premier légataire n'a jamais été propriétaire de la chose léguée jusqu'au jour de l'arrivée de la condition. Cependant c'est nier l'évidence, car n'importe quelle fiction ne peut empêcher qu'en réalité, la propriété ait reposé sur deux têtes successivement dans le double legs conditionnel: en fait, il y a eu double transmission du même bien. Pourquoi le reconnaît-on dans un cas — la substitution — et ne l'admet-on pas dans l'autre? Nous ne voyons aucune raison sérieuse, ni aucun argument logique en faveur de cette double terminologie appliquée à caractériser une situation identique, à moins que sa raison d'être ne consiste dans un but illicite, celui de tourner une prohibition du Code.

1. Voir: *De la rétroactivité de la condition*, Fontana, thèse Montpellier, 1900; — De la rétroactivité dans les actes juridiques, Chausse, *Revue critique de législation et de jurisprudence*, année 1900, p. 529, et Étude sur la rétroactivité de la condition de M. Leloutre, parue dans la *Revue trimestrielle de droit civil*, année 1907, p. 754.

Examinons l'effet produit par la rétroactivité dans le double legs quand la condition se réalise : la propriété du premier légataire est, dit-on, résolue ; toutefois ce légataire n'en a pas moins eu jusqu'à ce moment l'exercice du droit de propriété : il a perçu les fruits, il les garde, il a administré et les actes d'administration sont maintenus ; comme le grevé il a eu la jouissance et l'administration. L'effet unique de la rétroactivité consisterait donc, à résoudre toutes les aliénations faites par le premier légataire, mais ce serait lui reconnaître encore trop d'utilité.

La rétroactivité n'est pas indispensable pour expliquer la résolution des droits concédés par le premier bénéficiaire avant l'arrivée de la condition ; l'explication en est bien plus simple et repose sur le vieil adage, qu'on ne peut transférer à autrui sur une chose plus de droits qu'on n'en a soi-même : *nemo plus juris ad alium transferre potest quam ipse haberet* (1).

La condition résolutoire apposée au premier legs conduit pratiquement à une inaliénabilité des biens sur lesquels il porte, dans la mesure de l'intérêt du tiers appelé à en bénéficier, du second légataire. De même, que le grevé de substitution, le propriétaire sous condition résolutoire ne peut concéder que des droits réels soumis à la même condition que son propre titre : il est véritablement propriétaire avec charge éventuelle de conserver et de rendre.

La situation est-elle différente dans une substitu-

---

1. Digeste : *De regulis juris*, loi 54.

tion? La négative est difficile à soutenir: le grevé possède les mêmes droits que le légataire institué sous condition résolutoire; pas plus que ce dernier, il n'est propriétaire juridiquement des biens composant la substitution, il possède certains attributs de la propriété, ceux qui sont considérés et reconnus couramment comme les signes extérieurs du titre de propriétaire; néanmoins son pouvoir sur l'objet substitué n'est pas exclusif et absolu, l'appelé a un certain droit sur le même objet. Ni le grevé ni l'appelé ne peuvent se dire propriétaires tant que la condition sous-entendue dans toute substitution ne s'est pas réalisée, tant que l'on ne sera pas fixé sur le prédécès ou la survie des appelés: jusque-là, pour l'un comme pour l'autre, c'est une propriété éventuelle. Le grevé a-t-il plus de prérogatives sur les biens qui composent la substitution, que le légataire sous condition résolutoire sur l'objet légué? Non. Pourtant personne n'a jamais contesté que le grevé fût propriétaire (1).

Cela évidemment paraît étrange. Que signifient alors ces formules, que l'on trouve dans les arrêts relatifs à notre matière : « 1° Que les substitutions « ont pour caractère principal et distinctif une dou- « ble transmission successive... 2° Que la rétroacti- « vité de la condition suspensive ou résolutoire, met- « tant à néant, dans le passé, le droit du premier « propriétaire, supprime du même coup cette double

1. Voir chapitre IV.

« transmission, pour ne laisser à sa place qu'une
« transmission unique à compter du jour même du
« décès du testateur. La simple apposition d'une con-
« dition quelconque, ne fût-elle réalisable qu'au
« décès du premier institué, produit cet effet (1). »

Ainsi présentés, les deux éléments de cette double
proposition s'excluent totalement et sont entre eux
en opposition complète: la différence entre les deux
institutions est dès lors manifeste.

Cette opposition nous paraît exagérée ; elle repose
à notre avis sur une analyse sommaire et superfi-
cielle de la situation, ainsi que sur une confusion,
qui s'est produite, peut-être intentionnellement —
pour y trouver une différence — dans le fonctionnement et le mécanisme complexe de ces deux institutions.

Pour exposer notre raisonnement, nous ne saurions
mieux faire que de reproduire les paroles mêmes de
M. Léon Michel: « Ces deux formules (double trans-
« mission, unique transmission) qu'on oppose, sont
« selon le point de vue également fausses ou égale-
« ment vraies, elles n'expriment chacune qu'une
« moitié de l'idée : il faut les compléter l'une par
« l'autre pour reconstituer la théorie dans sa réalité.
« Qu'il y ait ou non rétroactivité, la propriété en
« droit n'a jamais fait sur la tête du premier gratifié

1. Parmi les arrêts les plus récents, voir Cass., 6 mars 1905. D.
1905.1.450 ; Cass., 20 juin 1904. D. 1906.1.476 ; Cass., 24 juin 1908, D.
1908.1.477.

« une impression ineffaçable : cette impression s'ef-
« face, au contraire, tout entière à l'ouverture du
« droit de l'autre ; à l'inverse, qu'il y ait ou non ré-
« troactivité, le premier gratifié n'en a pas moins, en
« fait, été propriétaire, et il est impossible de ne pas
« le compter dans la série chronologique des pro-
« priétaires, dans l'histoire de la propriété. Il est
« également faux de prétendre que, dans la substi-
« tution, il y a deux transmissions successives et
« que dans le legs conditionnel, il n'y en a qu'une.
« Comme il arrive trop souvent, les auteurs et les
« arrêts n'ont obtenu l'opposition entre les deux
« dispositions qu'en opposant l'une à l'autre deux
« formules, qui loin de se contredire doivent se com-
« pléter l'une par l'autre, parce que l'une et l'autre
« n'expriment qu'une des faces d'une même situation.
« La fiction de la rétroactivité, à laquelle on semble
« attribuer nous ne savons quelle vertu magique,
« n'est qu'une façon d'expliquer des effets qui, ici, se
« produiraient sans elle et s'expliqueraient autre-
« ment ; elle ne peut servir d'élément différentiel. »

En disant que dans la substitution il y a double
transmission, on considère plutôt le côté apparent,
le fait qui s'impose lui-même, la décomposition en
ses éléments visibles de l'opération juridique ; mais
en droit, il n'y a qu'une seule transmission — transmission à double détente dans certains cas — se
plaçant à l'époque où l'incertitude provenant de la
condition a disparu. Affirmer que dans le double
legs il n'y a qu'une transmission, c'est ne voir que

le côté purement juridique de la disposition, le résultat final lorsque la condition s'est réalisée.

Quand le premier gratifié ne peut pas aliéner, peu importe que le deuxième gratifié soit réputé recueillir les biens, directement du disposant, ou indirectement par l'intermédiaire du premier, le résultat juridique est le même : dans les deux hypothèses, les biens lui parviendront dans le même état que s'il les recevait du disposant lui-même. Autrement dit, on aboutit par la substitution et par le double legs conditionnel à une clause d'inaliénabilité en faveur du deuxième bénéficiaire dont l'existence et la durée dépendent dans les deux cas du même événement : la survie de ce même bénéficiaire.

Les effets du double legs conditionnel et de la substitution sont identiques : « Comme dans une sub-« stitution, l'appelé ne recueillera le bénéfice de la « disposition que s'il survit au grevé ; comme dans « une substitution prohibée, le grevé jouira à titre « de propriétaire intérimaire ; comme dans une sub-« stitution prohibée, la propriété incertaine est sous-« traite à la liberté de la circulation et du crédit pen-« dant toute la vie du grevé (1). »

L'inaliénabilité — qu'elle soit sous-entendue dans une substitution ou qu'elle résulte implicitement du mécanisme de la condition réalisée —

1. Demolombe, Consultation au D. 1874.1.53. Sur l'inaliénabilité résultant de la substitution, Pilon, notes au *Sirey*, S. 1903.1.401, et S. 1903.2.273 et *Revue trimestrielle*, années 1903, 1904, 1905.

est dans les deux hypothèses de même nature.

Dès lors comment expliquer que, suivant qu'on la désignera sous un nom ou sous un autre, la même clause d'inaliénabilité sera tour à tour prohibée et déclarée valable ?

Pourquoi vouloir déguiser et chercher à escamoter cette clause d'inaliénabilité dans une série d'hypothèses sous le couvert de la rétroactivité ? En se plaçant au point de vue économique ou social, il serait possible de découvrir des motifs assez puissants pour justifier l'évolution de la jurisprudence et approuver ce moyen détourné de valider des dipositions que prohibe expressément le Code ; mais au point de vue juridique rencontre-t-on des arguments aussi décisifs ? La négative a déjà été notre réponse. Nous en voyons bien un — seulement on doit le rejeter — qui consiste dans le besoin de tourner la prohibition des substitutions et d'éviter la nullité qu'entraîne l'article 896 et qui est édictée par des motifs d'ordre public.

Le juge doit appliquer la loi d'après l'état actuel de la législation, il n'a pas à devancer l'intervention des législateurs pour opérer la moindre réforme quelconque, si désirable qu'elle puisse être.

Toutefois, on a répondu qu'il y avait un intérêt considérable à faire intervenir l'idée de rétroactivité en cette matière. Sans la rétroactivité, on ne peut mettre d'accord, affirme-t-on, les articles 906 et 1040 : il serait alors impossible d'expliquer pourquoi le Code exige la capacité du bénéficiaire d'une disposi-

tion testamentaire à une époque unique (article 906)
dans un cas, et à deux époques — qui pourront être
très éloignées — dans l'autre (article 1040).

Pour quelles raisons, ce surcroît de précautions
dans ce dernier cas? on est assez embarrassé d'en
trouver. Tout, au contraire, se comprend avec l'idée
de rétroactivité; les deux articles 906 et 1040 ne
s'excluent pas, ils se complètent mutuellement; le
deuxième légataire recevant, grâce à l'emploi de cette
fiction, les biens des mains du disposant lui-même, il
est tout naturel qu'il soit capable au moment du
décès de ce dernier.

Mais cette explication est-elle celle qui se dégage
du Code? Cette interprétation des articles 906 et 1040
est-elle conforme aux idées des rédacteurs? On peut
en douter.

Si on examine attentivement les articles 1039 et
1040, on se rend compte que leur rédaction est identique dans leur première partie et que chacun vise
une hypothèse différente : le premier concerne les
dispositions testamentaires pures et simples, le
deuxième les dispositions conditionnelles. Tout ceci
est conforme à l'ancien droit. Malheureusement, il y
a au Code un texte qui contredit cette manière de
voir : l'article 906 (1), placé au chapitre II du même
titre, réglant « de la capacité de disposer ou de rece-

1. On a vu au chapitre précédent comment cet article fut voté sans
discussion ; on se borna à reproduire l'article 49 de l'ordonnance
de 1735. Quand on adopta et vota l'article 1002, on aurait dû songer à
modifier l'article 906.

« voir par donation entre vifs ou par testament »,
et qui s'exprime en termes généraux.

Comme d'autre part, l'article 1002 supprime toute
distinction parmi les dispositions testamentaires —
contrairement à notre ancien droit — ainsi que l'avait
fait l'article 49 de l'ordonnance de 1735, il est impossible de chercher une explication en faisant des distinctions d'espèces. Sans l'article 906 on aurait interprété les articles 1039 et 1040 suivant les anciens
principes ; mais actuellement on ne peut y songer.

Pour mettre d'accord ces textes, les premiers interprètes du Code trouvèrent une explication dans
la rétroactivité de la condition ; outre qu'elle est
inexacte, cette explication est en contradiction avec
les principes de l'ancien droit et même du Code, où
la rétroactivité de la condition en matière de dispositions testamentaires n'existait pas ou ne figure
pas (1).

Il n'en résulte pas moins, que nous nous trouvons
ici en présence de principes nouveaux introduits in-
volontairement par le Code ; pour les legs purs et
simples, la capacité au décès du testateur suffit ; pour
les legs conditionnels la capacité est requise à deux
époques, au décès du testateur et à l'arrivée de la

---

1. Ce point sera étudié plus loin dans ce chapitre. Remarquons ici
que le Code lui-même a donné un exemple de dispositions conditionnelles où on doit considérer la capacité du bénéficiaire seulement à
l'arrivée de la condition : c'est précisément dans les substitutions
permises, art. 1048. Nous démontrerons bientôt, *infra*, Ch. IV, que toute
substitution est une disposition essentiellement conditionnelle.

condition. Cette solution, admise en pratique, est conforme aux textes en vigueur. Bornons-nous à faire remarquer, que ce n'est pas là un fait isolé : en d'autres matières, l'application de certains textes, alors même qu'ils ne sont pas contredits par d'autres, est, à n'en pas douter, bien différente du sens que leur donnaient les rédacteurs du Code de 1804.

Nous venons de voir que ce fameux principe de la rétroactivité est inutile, en ce qui concerne les legs conditionnels, et ne sert qu'à donner une apparence licite à un genre de dispositions formellement proscrites ; ce n'est pas tout : il y a lieu de se demander si le Code admet la rétroactivité de la condition en matière testamentaire (1). Nul texte ne le dit expressément, pourtant tous les auteurs et la jurisprudence soutiennent qu'il faut étendre l'article 1179 aux dispositions testamentaires et admettre que la condition rétroagit en cette matière tout aussi bien qu'en matière d'obligations.

Cependant nous hésitons à suivre cette opinion prépondérante, pour plusieurs raisons : d'abord l'effet rétroactif de la condition n'était pas admis dans les dispositions testamentaires par nos anciens auteurs ; puis les principes généraux et l'esprit du Code civil

---

1. L'absence de la rétroactivité ne change en rien la théorie du double legs conditionnel : en effet, quand la condition est tout autre que le décès du premier légataire, on a affaire à une clause d'inaliénabilité temporaire, valable comme telle. Quand la condition est le prédécès ou la survie d'un des légataires, c'est une clause d'inaliénabilité perpétuelle et la disposition est nulle.

s'y opposent, et aucune disposition ne peut ici y faire
appel (1) ; enfin la plus importante des conséquences
de ce principe, que prévoit d'ailleurs l'article 1179, ne
peut s'appliquer aux testaments, le Code même s'y
oppose par l'article 1040. De plus le but que lui assi-
gnent ses partisans suffirait à lui seul à le faire écarter
et à exiger un texte formel pour étendre ce principe
de la rétroactivité de la condition, à notre matière.

La jurisprudence, pour étendre l'article 1179 aux
dispositions testamentaires, se base sur ce que les
articles placés dans les premiers chapitres du titre
des contrats ou des obligations formulent des principes généraux et que leurs dispositions s'appliquent
malgré leur place, aussi bien aux testaments qu'aux
matières indiquées par leur rubrique.

C'est un fait incontestable, dû à la méthode même
de confection du Code, et aucune restriction n'est à
apporter à cette façon de procéder tant que l'on ne
rencontre pas un texte qui s'y oppose. Or, ici nous
avons l'article 896 : cet article renferme, en effet, une
prohibition d'ordre public. Ce caractère de l'article 896
est évident, n'est-il pas un des articles — semblable en
cela à 815, 816 et 1130 du Code civil — qui sanction-

---

1. Même au cas où le Code étendrait l'art. 1179 aux dispositions testamentaires, on devrait se demander si 896 n'y apporterait pas une exception, c'est-à-dire si 896 en prohibant les dispositions où le deuxième
bénéficiaire n'aura la jouissance des biens composant la libéralité que
s'il survit au premier bénéficiaire, n'entend pas précisément supprimer l'effet rétroactif dans ces dispositions conditionnelles et par suite
faire apparaître la double transmission successive des mêmes biens.

nent et protègent l'ensemble du système successoral du Code ? Que deviendraient, sans lui, les grands principes du droit d'égalité entre les enfants, et de l'égalité dans les partages ?...

Si le Code admet la rétroactivité en notre matière, il est vraiment surprenant que ses rédacteurs aient fait une telle innovation sans la mentionner ou y faire allusion dans quelque article ? Ils modifièrent considérablement le régime de la dévolution des biens dans les familles, ils prohibèrent les substitutions ; ce dont ils ne voulaient plus, ils l'indiquèrent par des textes explicites, comment dès lors auraient-ils modifié du tout au tout, sans en rien laisser voir (1), le système de la condition de l'ancien droit ?

Nos anciens auteurs admettaient bien que dans les contrats, la condition avait un effet rétroactif, mais ils refusaient cette rétroactivité aux conditions testamentaires (2).

---

1. Le seul texte qui parle des dispositions testamentaires conditionnelles, l'article 1040, rejette une des conséquences les plus importantes du principe de la rétroactivité. L'article 1041 parle improprement de condition, en réalité il veut parler d'une disposition affectée d'un terme ; car la modalité qui « ne fait que suspendre l'exécution de la disposition » est un terme.

2. Les jurisconsultes romains n'attribuaient aucun effet rétroactif à la condition, non seulement dans les actes à cause de mort et dans les transferts, mais aussi dans les contrats. Voir sur ce point spécial : *Windscheid*, *Pandekten*, t. 1, § 91, note 4, et *Die wirkung der erfulten bedingung*, 1861. — M. Girard dans son *Traité de droit romain*, p. 476, 3ᵉ édition, déclare que : « La rétroactivité n'est donc, à notre sens, « dans la théorie de la condition qu'un encombrement superflu. » De

Telle était la doctrine de Pothier, qui le déclare
en deux endroits de ses Œuvres: d'abord dans son
Traité des obligations, au n° 220, où, après avoir
admis que la condition avait un effet rétroactif dans
les contrats, il ajoute: « Il en est autrement des
conditions apposées aux legs »; dans son *Traité des
donations testamentaires*, n° 309, il n'est pas moins
affirmatif: « Les conditions de legs n'ont pas un
« effet rétroactif au temps de la mort du testateur, en
« quoi elles sont différentes des actes entre vifs (1). »

Le même langage est tenu par les auteurs du nouveau Denisart, qui, après avoir disserté longuement
sur l'effet rétroactif dans les contrats, déclarent: « Il
« en est autrement par rapport aux legs, nous avons
« indiqué la différence (2). »

Enfin Ricard ne s'exprime pas en termes différents

même M. Chausse, « De la rétroactivité dans les actes juridiques »,
article paru dans la *Revue critique de législation et de jurisprudence*,
année 1900, p. 529 et s.

1. Pothier, édition Bugnet, t. II, n° 220 et 208, et t. VIII, n° 309.

2. Denisart, *Collection de décisions nouvelles*, édition de 1786, au
mot *Condition*, vol. 5, section 5, n° 4, p. 122. Également section 1,
n° 2, p. 113, et section 3, n° 6, p. 120.

Dans un autre recueil: *Recueil de jurisprudence civile du pays de
droit écrit*, par ordre alphabétique, de Guy du Rousseaud de Lacombe,
4° édition, 1767, v° *Dispositions conditionnelles*, section 8, n° 5,
p. 185:

« Dans les contrats, on considère le temps de la stipulation; dans
« les testaments le temps de l'échéance de la condition.

« Dans les actes entre vifs, la condition est présumée au temps du
« contrat; dans les legs et donations à cause de mort, la condition
« n'a pas d'effet rétroactif. »

dans son *Traité des dispositions conditionnelles*: « La
« condition, lorsqu'elle se rencontre dans les dis-
« positions testamentaires et qui empêche que les
« legs conditionnels n'aient un effet rétroactif,
« donne lieu à une notable différence avec les con-
« ditions insérées dans les contrats accompagnés de
« stipulation (1)... »

L'ancien droit (2) refusait la rétroactivité aux con-

---

1. Ricard, *OEuvres*, t. II, *Traité des dispositions conditionnelles*,
n° 203. C'est aussi l'avis de l'annotateur de Ricard, Bergier, qui
s'exprime en termes analogues dans une note sous le n° 222 (tome II
de Ricard, p. 139) et cite des passages de Cujas et de Dumoulin dans
le même sens.

2. Cela résulte des textes que nous venons de citer ; toutefois il
semble que Furgole soit d'un avis opposé, mais dans son n° 145 cet
auteur indique à quel point de vue il admet la rétroactivité en notre
matière.

Furgole (*Traité des testaments*, t. III ch. 7, sect. 3, n° 9, et section 4,
n°° 134, 144 et 145) faisait remonter dans tous les cas l'effet de la condition testamentaire au jour du décès du testateur ; le fondement de
son opinion était que les charges créées ou les aliénations faites par
le légataire sous condition résolutoire disparaissaient à l'instant de
la perte de son droit. Or, on n'avait pas besoin de ce système pour
effacer les charges et les aliénations du grevé ou du fidéicommissaire,
car *nemo plus juris ad alium transferre potest quam ipse haberet.*

Toullier (tome V, n° 93, à la note, et tome VI, n° 544, de même
Troplong, *Donations*, tome I, p. 369, sur l'art. 900, n° 201) a cherché
à concilier l'opinion de Furgole et celle de Pothier, en disant qu'il est
certain que l'effet rétroactif de la condition est moins étendu dans les
legs que dans les contrats : il reconnaît dans la condition testamentaire un effet rétroactif, quant à la chose léguée et quant aux tierces
personnes, telles que les tiers détenteurs et les créanciers du premier
légataire ; mais il dénie cet effet quant à la personne du légataire.

Cette conciliation revient, pour les effets, à notre opinion : elle dit

ditions testamentaires parce que les legs conditionnels ne passaient pas à l'héritier du légataire (1).

La condition suspensive ne doit rendre le légataire,
gratifié, sous cette condition, propriétaire absolu de
la chose léguée que du jour de l'événement — à la
différence de la condition suspensive dans les obligations, qui rétroagit toujours au jour du contrat —
car, dans les actes entre vifs, ceux qui contractent,
stipulent ou sont censés stipuler pour eux et pour
leurs héritiers ; d'où il suit que le droit qui résulte
du contrat peut être, en vertu de la stipulation,
acquis aux héritiers des contractants, après la mort
de ces derniers, par l'événement de la condition qui,
dans ce sens, a un effet rétroactif au temps du contrat.

Mais il doit en être autrement pour la condition
testamentaire ; car le testateur ne lègue qu'à la personne du légataire, il ne lègue pas aux héritiers
de celui-ci. C'est pourquoi le droit, qui résulte du

en effet, que le second légataire n'acquiert qu'au jour de l'événement
de la condition.

1. Ainsi s'exprime Pothier, tome VIII, n° 309, p. 314, sur cette question : « Les conditions de legs n'ont pas un effet rétroactif au temps
« de la mort du testateur, en quoi elles sont différentes des actes
« entre vifs, et la raison de cette différence est que ceux qui contrac-
« tent, contractent tant pour eux que pour leurs héritiers... au lieu
« que le testateur ne lègue qu'à la personne du légataire... »
De même Thévenot, loc. cit., n°s 514 à 518 et n° 526.
Ricard, Traité des disposit. condit., n° 204 : « Pour ce qui concerne
« les legs, au contraire (par opposition aux contrats), la condition en
« affecte tellement la disposition et la substance, qu'ils ne subsistent
« absolument qu'avec elle et par elle. »

testament, ne peut après la mort du légataire, être
acquis à ses héritiers, si l'événement de la condition
n'était pas accompli avant sa mort.

Telle était la doctrine des jurisconsultes de l'ancien droit: il en résultait que le premier légataire
chargé du legs conditionnel ne devait aucune restitution des fruits, qu'il avait faits siens comme propriétaire jusqu'au jour de l'événement; et que, d'autre part, ce qu'il avait pu faire au préjudice du fonds
lui-même s'effaçait en vertu de la règle, que nous
avons déjà rappelée : *nemo plus juris ad alium trans-*
ferre potest quam ipse haberet.

Aucun texte, aucun indice ne peuvent montrer que
le Code ait voulu répudier une théorie aussi ration-
nelle, et aussi bien établie que l'était jusqu'alors
celle de la non rétroactivité de la condition dans
les dispositions testamentaires. Au contraire, l'article 1040 (dans son second alinéa) semblerait même
prouver que les rédacteurs du Code civil se sont référés purement et simplement au système encore en
vigueur à leur époque. Ne pourrait-on pas soutenir,
que l'article 1040 en disant que le legs fait sous
condition suspensive ne passait pas à l'héritier du
légataire, mort avant l'accomplissement de la condition, suffise pour avertir que le principe de rétroactivité absolue, posé dans la première partie de l'article 1179 sur les conditions contractuelles, n'était plus
applicable aux conditions testamentaires, puisque
l'article 1179 tire sur le champ de ce principe une
conséquence contraire à la disposition de l'arti-

cle 1040? Ces effets opposés ne prouvent-ils pas que
la cause n'est plus la même dans les deux hypothèses?

Les auteurs modernes ne sont pas partisans de ce
système, ils étendent et appliquent l'article 1179 aux
dispositions testamentaires; toutefois on rencontre,
dans le cours du xix° siècle, quelques écrivains dis-
sidents.

Demante, dans un article de la *Thémis*, s'exprime
ainsi: « Reconnaissons que cet événement (de la con-
« dition) ne fait pas remonter le droit du légataire
« au jour de la mort... (1). Il s'agissait dans ma dis-
« cussion de savoir si par l'événement de la condi-
« tion, la propriété du légataire remonte au décès du
« testateur. En soutenant la négative... j'aurais pu
« dire, en un seul mot, que la condition n'a jamais
« eu, à l'égard des legs, l'effet rétroactif dont elle
« jouit à l'égard des obligations. »

Coin-Delisle discute longuement cette question (2)
et arrive à cette conclusion : « Donc on ne doit pas

---

1. *Thémis*, t. II, p. 62. Il ajoute : « Si cette distinction paraissait
« nouvelle à quelques-uns, ou subtile à quelques autres, je renverrais
« les premiers aux lois romaines... et je prierais les seconds de voir
« dans notre Code civil, article 1179, quelle est la conséquence de la
« rétroactivité, et de déclarer ensuite s'ils voudraient, à l'égard des
« legs, tirer la même conséquence des articles 1014, 1040 et 1041. »
(Toutefois Demante, dans son *Cours analytique de Code civil*, a
adopté l'opinion contraire.)

2. Coin-Delisle, « Examen doctrinal d'arrêts sur les substitutions »,
article paru dans la *Revue critique de législation et de jurisprudence*,
année 1856 (n° 11 de l'article).

« emprunter pour les conditions testamentaires l'ar-
« cle 1179, écrit seulement pour les conditions con-
« tractuelles. »

Demolombe, dans une consultation qu'il donna
dans l'affaire Bodinier à l'appui d'un pourvoi formé
contre un arrêt de la Cour d'Angers du 14 avril
1872 (1), soutient cette opinion : « Nous répondrons,
« avec le dernier arrêt rendu sur la question, le
« 3 mars 1871 par la Cour de Lyon, « qu'il est très
« contestable que les dispositions de l'article 1179,
« écrites pour les contrats, puissent être invoquées
« en matière de testament (2). »

L'arrêt de la Cour de Lyon de 1871 expose très
nettement dans ses motifs la doctrine de la non rétroactivité en matière testamentaire (3), il subit le
même sort que l'arrêt précité d'Angers (cassé par la

1. D. 1873.2.101.

2. La consultation de Demolombe est rapportée D. 1874.1.52.

3. L'arrêt de la Cour de Lyon est rapporté en entier S. 1871.2.150.
Cet arrêt confirmait un jugement du tribunal civil de Villefranche
du 2 juin 1870, qui avait vu une substitution prohibée dans la disposition par laquelle un testateur, après avoir institué un légataire universel, auquel il déclare que la propriété des biens recueillis appar-
tiendra du jour de son décès, ajoute néanmoins que le legs est fait
sous la condition que le légataire atteindra sa majorité, et qu'il entend,
au cas où cette condition ne serait pas remplie, que le legs profite à
ses héritiers naturels.
La partie intéressante de l'arrêt est celle où la Cour fait la critique
du système jurisprudentiel : « Considérant, en droit, qu'il est très con-
« testable que les dispositions de 1179, écrites pour les contrats, puis-
« sent être invoquées en matière de testament ; mais qu'en admettant
« même que le principe de la rétroactivité des conditions, soit applicable
« aux legs conditionnels permis par la loi, on ne saurait l'étendre aux

Cour de cassation le 29 juillet 1873), il fut en effet cassé par l'arrêt du 18 juin 1873 pour violation des articles 898 et 1040 et fausse application de l'article 896.

Plus récemment cette manière de voir fut prise en considération par M. Léon Michel : « La théorie du double legs reposerait donc, — selon la « jurisprudence, — tout entière, sur l'effet rétroactif de la condition... A notre sens, cet exposé de la « théorie du double legs conditionnel n'est pas exact... « Il y a identité entre la substitution et le legs conditionnel, dès que la mort de la personne investie « actuellement de la propriété fonctionne comme « condition résolutoire... La rétroactivité de la condition, dont on abuse du reste étrangement en « toute matière et dont on exagère l'effet, ne joue

« dispositions qui, sous une forme conditionnelle, contiendraient une « véritable substitution, et tomberaient ainsi sous le coup de l'article 896 ; que cet article, absolu dans ses prohibitions, n'admet pas de « distinction sur la forme : toutes les fois qu'il rencontre les caractères « de la substitution, il frappe de nullité la disposition qui la contient, « quelle que soit la rédaction à laquelle on ait eu recours pour tenter de la dissimuler, que le système contraire fait prédominer la « puissance d'une simple formule sur la réalité du fait, et qu'il annihile les défenses écrites dans l'article 896, puisqu'il suffira d'une « rédaction adoptée par la pratique pour rendre illusoire la prohibition édictée contre les substitutions ; que la raison ne peut accepter la pensée que, après avoir élevé la prohibition des substitutions « à la hauteur d'un principe de droit public, les rédacteurs du Code « se soient montrés à ce point imprévoyants, de donner eux-mêmes, « dans l'article 1179 le moyen d'éluder leurs prescriptions. » A la même date (3 mars 1871) la Cour de Lyon rendait dans l'affaire Audiffret contre Ricaud, un autre arrêt conçu en termes identiques (cet arrêt est mentionné au S. 1871.2.150, à la suite du précédent).

« ici, quoi qu'on en dise aucun rôle : ni elle n'em-
« pêche la nullité du legs sous condition résolutoire,
«\ni elle n'explique la validité du double legs sous
« condition suspensive (1). »

La Cour de cassation confirma encore son principe — de la rétroactivité des conditions testamentaires — ces derniers temps par l'arrêt du 6 mars
1905 (2). Le pourvoi, que la chambre des requêtes
avait à examiner, visait un arrêt de la Cour de Nîmes
(confirmant un jugement du tribunal d'Avignon qui
validait un double legs conditionnel) et soutenait :
« Qu'en matière de legs l'événement de la condition
« n'a pas, comme en matière de contrat, un effet ré-
« troactif au jour du décès du testateur, en sorte que
« le droit au legs ainsi que l'émolument ne doit pas
« être considéré comme ayant été acquis au légataire
« ex tunc mais seulement ex nunc. »

Fidèle à sa jurisprudence, la Cour de cassation rejeta
le pourvoi : « Attendu, — en ce qui concerne ce moyen
« du pourvoi — que si, aux termes de l'article 1040, la
« disposition testamentaire subordonnée à l'arrivée ou
« à la non arrivée d'un événement incertain devient
« caduque dans le cas où la condition ne se réalise
« pas du vivant du légataire, cette prescription spé-
« ciale à l'acquisition du legs ne fait nullement échec
« à l'application de 1179, au moins quant à la pro-
« priété des choses léguées, une fois que le bénéfice
« du legs est acquis au gratifié. »

1. Note au D. 1899.1.209.
2. D. 1905.1.451 et P. 1905.1.372 et les notes.

Cet arrêt est conforme d'ailleurs à la solution admise en doctrine ; notamment Aubry et Rau enseignent : « que l'arrivée, du vivant du légataire, de la « condition suspensive ou du terme apposé au legs, « opère quant à la propriété des objets légués un « effet rétroactif au jour du décès du testateur » (1).

Cette généralité de la rétroactivité de la condition, bien qu'elle ne soit pas expressément écrite dans le Code, paraît donc certaine pour la jurisprudence et pour la doctrine : cependant, en notre matière, elle a un but illicite.

Même si on admet que ce principe s'applique aux legs conditionnels permis par la loi, on ne saurait l'étendre aux dispositions, qui sous une forme conditionnelle contiendraient une véritable substitution et tomberaient ainsi sous le coup de l'article 896 : à quoi servirait alors cet article ?

Le système de la jurisprudence tend à effacer entièrement la prohibition de l'article 896. Il permet, en effet, aux testateurs avisés de trouver une formule, avec laquelle ils tourneront toujours et complètement cet article prohibant les substitutions. Il leur suffira de donner à l'un l'usufruit et la nue propriété sous la condition résolutoire du décès de ce premier donataire, en cas de survie de l'institué en deuxième ordre, et de donner à ce dernier la nue propriété sous la condition suspensive du prédécès du premier donataire. Par ce détour bien simple, on arrivera à

1. Aubry et Rau, t. VII, p. 475, § 717. De même Baudry et Colin, *Donations et testaments*, nos 2845 et s.

rendre valable, mais sous un autre nom, ce qui a été prohibé sous le nom de fidéicommis.

Pour mieux s'en rendre compte, prenons un exemple. Que le testateur dise : « Je lègue mes biens à Paul « et je le charge de les conserver intégralement et « de les rendre, lors de son décès, à Pierre », la discussion sera impossible, aucun doute ne peut exister : on devra annuler la disposition. Qu'un autre testateur, plus au courant des subtilités juridiques ou mieux conseillé, s'exprime au contraire dans ces termes: « Je lègue mes biens à Paul, tant en toute « propriété qu'en usufruit ; toutefois, dans le cas où « il recueillerait ma succession, le legs en toute pro- « priété que je lui ai fait, ne sera censé l'avoir été « que sous la condition résolutoire de son prédécès « à Pierre. Dans le cas où Pierre serait encore vivant « lors du décès de Paul, je lui donne les mêmes « biens en nue propriété sous la condition suspen- « sive de sa survie à Paul ; de sorte que, ce dernier « cas arrivant, Paul sera censé n'avoir jamais été « qu'usufruitier », la disposition sera réputée valable. Les tribunaux n'hésiteront pas à reconnaître là une double institution conditionnelle échappant, en cette qualité, à l'article 896 et pourtant il serait plus rationnel, à notre avis, de décider que, dans un cas comme dans l'autre, on se trouve en présence d'une substitution prohibée.

En effet, comme nous le montrerons au chapitre suivant, il est toujours possible d'envisager chacune des deux transmissions de toute substitution comme un legs conditionnel (1) : toute substitution renferme une condition, qui affecte la deuxième libéralité. Si la jurisprudence trouve naturel d'introduire l'idée de condition dans les espèces les plus caractérisées de substitutions, la logique doit la conduire à les valider toutes, puisque, d'après sa théorie, les effets de la condition font disparaître, comme par enchantement, les caractères juridiques des substitutions prohibées : elle efface entièrement l'article 896.

Elle est arrivée en effet à cette solution extrême : on ne saurait aller plus loin qu'un arrêt du 4 janvier 1876, qui avait à examiner les clauses suivantes : « Je donne en toute propriété, ma ferme à A..., ma « nièce, si elle vit après sa tante. Dans le cas con- « traire, elle retournera à la fabrique de L... Si elle « meurt sans enfants, elle retournera également à la « fabrique de L... ». La cour de Cassation ne vit dans cette disposition que deux legs conditionnels : « n'impliquant ni deux transmissions successives, ni « l'obligation de conserver et de rendre », et estima que dans le cas de vocation de l'appelée, celle-ci aura été saisie à compter du jour du décès du testateur (2).

Si la Cour a vu, dans une pareille espèce, une disposition rétroactive effaçant fictivement la double transmission et la charge de rendre, elle doit en trouver dans toutes les substitutions. La règle qu'on inter-

1. A condition, bien entendu, que le grevé et l'appelé coexistent au jour du décès du testateur à cause de l'article 906.

2. S. 1876.1.28.

prête une clause *potius ut valeat quam ut pereat*, lui en fait une obligation.

Le pouvoir d'appréciation, reconnu aux tribunaux depuis 1873, est venu réduire l'article 896 à l'état de lettre morte, en consacrant pour les juges du fond, en vertu de l'article 1157, le droit de procéder à cette décomposition savante — de la disposition testamentaire en legs d'usufruit et de nue propriété — dans le cas où le testateur ne l'aurait pas fait lui-même, sous la protection et l'autorité de la Cour de cassation. Comme le dit fort bien M. Lambert, cette analyse singulièrement subtile n'a d'autre raison d'être que de permettre d'écarter l'application de l'article 896 « sans constater officiellement son abrogation (1) ». La prohibition d'ordre public, que contient cet article, est ainsi rayée du Code.

La théorie jurisprudentielle ne peut donc pas s'appuyer sur les textes du Code, peut-elle tout au moins se recommander des intentions du législateur de 1804 ? Nous ne le croyons pas, les rédacteurs du Code ne faisaient pas de distinction entre la substitution et le double legs conditionnel.

Que voulait-on à cette époque ? On cherchait à imposer le système successoral du Code civil, c'était un point essentiel pour arriver à l'unification de la légis-

---

1. Lambert, *De l'exhérédation*, n° 808, également n°ˢ 787 et 811. De même M. Planiol, III, n° 3295 ; Gény, *Méthode d'interprétation*, n° 97 : « La jurisprudence a fait échec à la prohibition des substitutions par « le moyen du double legs conditionnel subordonné au décès d'un pre- « mier bénéficiaire. »

lation, et, en cette matière surtout, la réforme devait être radicale : il fallait supprimer tous les modes de dévolution de biens, qui étaient contraires aux principes qu'on voulait introduire. Le motif dominant — après le motif politique (1) — que tous les orateurs ont reproduit presque dans des termes identiques et qui se retrouve également dans les substitutions et dans les dispositions à condition retardée jusqu'à la mort, est celui-ci : « Éviter l'établissement d'un or-« dre successoral émanant de la volonté du dispo-« sant, faisant obstacle aux prévisions de la loi, l'ap-« pel d'un individu après la mort d'un autre (2). »

« Le but que voulaient atteindre les rédacteurs du « Code, et avant eux les législateurs de 1792, lors-« qu'ils ont aboli et prohibé les substitutions, per-« met, comme le fait remarquer M. Berthélemy dans « une note insérée aux *Pandectes*, de déterminer avec « précision ce que sont les substitutions interdites. « On venait d'établir un nouvel ordre successoral, « ayant pour base l'égalité des enfants dans la fa-« mille et le partage des biens sans distinction de « nature et d'origine (3). »

Certains auteurs cependant prétendent que la jurisprudence peut s'appuyer sur les intentions des législateurs : « Assurément, dit M. Lambert, cette ju-« risprudence était en opposition avec le texte de « la loi, puisqu'elle aboutissait à en effacer l'une des

---

1. Voir la IIIᵉ partie.
2. Fenet, XII, séance du Conseil d'État, 7 pluviôse, an XI.
3. Note de M. Berthélemy, P. 1891.1.329.

« dispositions prohibitives, mais elle n'était pas en
« complet désaccord avec l'esprit du Code civil...En
« écrivant 896, le législateur de 1803 a certainement
« dépassé le but qu'il voulait atteindre. Il suffit pour
« s'en convaincre de recourir aux travaux prépa-
« ratoires (1). »

Pour ces auteurs, la portée de l'article 896 se res-
treindrait aux cas de personnes non conçues, hypothèse à laquelle suffirait l'article 906 : c'est le critérium de la majorité de la doctrine (2) ; la prohibition
des substitutions n'aurait d'autre but que d'éviter
l'appel des non conçus.

On ne peut nier que cette considération ait influé
fortement sur l'esprit des rédacteurs du Code : à chaque instant dans les travaux préparatoires, on trouve
soit dans la bouche du Premier Consul, soit dans celle
des jurisconsultes les plus éminents, ce terme de non
conçu (3). Mais ce n'est pas le seul motif qui ait entraîné la prohibition absolue de l'article 896 ; pour-

1. Lambert, *De l'exhérédation*, n° 8 3.

2. Citons M. Lambert, *op. cit.*; Labbé, S. 1874.1.5 ; Colin, *Des donations*, II, n° 3165. Aucune décision judiciaire ne se rallie à ce système : les tribunaux n'ont point encore eu à se prononcer sur ce point
par la raison bien simple qu'elle ne leur fut pas et ne leur sera pro-
bablement pas posée, l'article 906 semble suffisant à écarter la conséquence des dispositions en faveur de non conçus. D'autre part, ils ont
annulé, comme substitution, des dispositions faites en faveur de personnes vivantes à l'époque du décès du testateur. Toutefois, voyez
M. Massigli dans *Revue critique de législation et de jurisprudence*,
année 1883, p. 259, et S. 1882.1.155.

3. « Substitution et appel des non conçus, voilà deux choses qui, dit
« Treilhard, sont inséparables. » Fenet, t. XII, p. 264.

quoi, si c'était là le but unique des législateurs (1), ne
l'ont-ils pas énoncé plus explicitement, et, dans les
explications si longues que ce texte a soulevées, n'a-
t-il jamais été présenté que sous forme d'allusion ?
C'est qu'à leurs yeux, les substitutions présentaient
des inconvénients considérables, communs aux substitutions en faveur d'individus conçus (2).

Une remarque essentielle est à faire ici : c'est surtout lorsqu'il s'agissait d'autoriser les substitutions
en faveur de certaines personnes — enfants, petits-
enfants, neveux, petits-neveux — que cette crainte
de voir appeler des non conçus reparaissait dans
l'esprit des législateurs : les articles 1048 et 1049 permettant expressément de faire des substitutions
même et surtout en faveur des enfants à naître, al-
laient en effet apporter une double dérogation au
principe des substitutions et à celui de l'appel des
non conçus. Il semble que le vrai motif pour lequel
les rédacteurs du Code se préoccupèrent tant de la
conséquence, que pourraient entraîner les substitu-

---

1. Voir les textes cités et rapportés par M. Lambert au n° 814 de son
Traité sur l'exhérédation

2. Ainsi qu'on le verra plus loin (3e partie) ces inconvénients sont
principalement: inaliénabilité prolongée, incertitude de la propriété,
obstacle à la circulation des biens, défaut d'intérêt chez le grevé qui
ressemble à l'usufruitier, inégalités et troubles dans les familles, mul-
tiplication des procès.

Toutefois il faut reconnaître — cela est incontestable — que ces
inconvénients attribués aux substitutions se présentent à leur maxi-
mum d'intensité lorsqu'elles sont faites en faveur de personnes « qui
n'ont pas été contemporaines du disposant ».

tions, relativement à l'appel des non conçus, c'est que les substitutions, en faveur de personnes déjà nées leur semblaient inutiles, les disposants devant trouver dans l'article 899 le moyen d'arriver à des résultats analogues.

Toutefois bien que l'on ait, lors de la discussion de l'article 896, surtout envisagé les substitutions faites au profit de personnes futures, il n'est nullement démontré que l'on ait, malgré cela, écarté l'hypothèse d'une substitution dans laquelle l'appelé existait du décès du testateur (1).

Nous ne saurions admettre ce système malgré les avantages pratiques, qu'il peut présenter : la prohibition des substitutions a été édictée pour des motifs concernant aussi bien les dispositions au profit de personnes déjà nées que celles de non conçus : on peut affirmer que les rédacteurs du Code n'ont pas eu du tout l'intention de limiter l'article 896 à ces dernières (2).

1. M. Lambert est de l'avis opposé, *Exhérédation*, n° 814 : « Si le lé-« gislateur de 1803 a frappé dans l'article 896 toutes les substitutions « sans distinction, il ne tenait en réalité à atteindre que celles qui, « adressées à des personnes futures, ont le double inconvénient de « pouvoir prolonger leurs effets sur plusieurs générations et d'entraî-« ner une incertitude sur l'existence de la personne même du proprié-« taire. » Si tel eût été le but des rédacteurs, pourquoi ont-ils écrit un texte spécial, article 896, alors que la prohibition des dispositions au profit de non conçus, résultait déjà de l'article 906, un autre article du même projet ?

2. Si on admet ce système, on arrive fatalement à cette conséquence extrême, devant laquelle les partisans eux-mêmes de cette théorie reculeraient certainement : de valider toutes les dispositions à charge de rendre faites à des personnes déjà vivantes à l'époque du testateur.

Ce système aboutit à admettre que notre article 896 n'est qu'un renvoi et la confirmation d'un texte plus général, l'article 906, qui faisait partie du même projet (1). De plus il est profondément arbitraire, il ne peut invoquer en sa faveur l'article 896, qui régit la matière, car il est obligé de faire appel à l'article 906. Reconnaissons cependant qu'il aurait un avantage incontestable sur celui de la jurisprudence : il offre un critérium net et précis, et un moyen facile de reconnaître les dispositions permises de celles qui sont prohibées.

Faire d'une question de nullité — comme nous l'avons déjà dit — une question d'interprétation souveraine de volonté, c'est de la part de la jurisprudence avouer qu'elle n'a pas de critérium certain, que la base de son système repose sur des éléments trop fuyants et sur des conceptions, que les rédacteurs du Code ignoraient ou refusaient d'admettre.

On en est réduit, si on accepte la distinction que fait la jurisprudence entre la substitution et le double legs conditionnel, à l'énoncer purement et simplement, car il n'y a pas de moyen infaillible de reconnaître ces deux sortes de dispositions : aucun signe caractéristique tiré du fond même de la ma-

1. C'est réduire sans motifs sérieux le champ d'applications de l'article 896. Cet article a au contraire une portée beaucoup plus considérable. Et si, néanmoins, c'était là son seul but, pourquoi cet article 896 aurait-il toujours été présenté comme une réforme fondamentale et tout à l'honneur des législateurs de 1804 ? la réforme serait alors singulièrement amoindrie.

tière ne permet de faire à coup sûr la distinction.

Au point de vue purement juridique, nous ne pouvons adhérer au système jurisprudentiel : il voit entre la substitution et le double legs conditionnel une différence de nature que nous repoussons totalement.

De plus ce système — c'est par là que nous terminerons — est trop périlleux et se prête à trop d'embûches ; les efforts de la jurisprudence pour donner, coûte que coûte, un effet à toute volonté dernière, nous semblent moins critiquables et de moindre danger que leur intermittence même ; suivant les époques, tantôt les arrêts valident des legs conditionnels, tantôt ils déclarent entachées de substitutions des clauses identiques. De sorte que l'on peut à peine indiquer comme habituelle à la Cour de cassation certaine distinction entre les termes des testaments, qui se prêtent à l'adaptation de la théorie du double legs conditionnel, et ceux qui résistent à toute interprétation : toutes les censures de la Cour de cassation seraient réservées à ces derniers, et tout se réduirait à une question de rédaction.

Faire dépendre ainsi la validité d'une clause de sa rédaction plus ou moins habile (1), prouve d'abord

1. Au lendemain de l'arrêt Lézé, Coin-Delisle écrivait déjà : « Si le « système établi par l'arrêt Lézé se généralise, il efface entièrement « l'article 896. Pourquoi ? Parce qu'il donne aux praticiens une formule « générale pour éviter dans tous les cas l'application de l'article 896...car « dans toutes les substitutions, sans en excepter une seule, on pour- « rait prendre la précaution de faire une double disposition condition-

que la théorie adoptée n'a pas de fondement solide dans les faits, tout est dans la fiction plutòt que dans la réalité, dans les mots plutôt que dans les choses.

Il en résulte de plus deux inconvénients sérieux.

Les décisions sont évidemment livrées à l'arbitraire, deux testaments identiques pouvant subir un sort différent suivant des nuances de langage imperceptibles et suivant les tribunaux appelés à les apprécier : un homme peu au courant de ces subtilités juridiques court fort le risque de voir ses volontés interprétées d'une manière toute différente de celle qu'il avait envisagée et par suite ses dispositions annulées.

En second lieu, ce sera un jeu pour un jurisconsulte (1), d'assurer aux siennes la force obligatoire par un simple artifice de langage ; son expérience lui fournira les moyens de faire indirectement ce que la loi défend de faire directement et de tourner habilement une prohibition d'ordre public.

Comme le dit M. Lambert : « C'est le régime du « caprice et de l'arbitraire. Il est impossible au tes- « tateur de prévoir, au moment où il dispose, si sa « volonté recevra ou non effet. Les tribunaux trom- « pent à chaque instant ses espérances, en annulant, « en qualité de substitutions, des dispositions qu'il « avait formulées sur la foi des décisions judiciaires « qui, la veille, les avaient validées, en qualité de

« nelle, en évitant le mot de substitution. » *Revue critique de législation et de jurisprudence*, année 1856, p. 289 et s., n° 3.

1. Voir notamment l'espèce sur laquelle a eu à statuer la Cour de

« legs conditionnels. Les auteurs se sont ingéniés à
« trouver un critérium quelconque entre les libéra-
« lités que la jurisprudence actuelle permet et celles
« qu'elle défend. Peine perdue. Il n'en existe aucun.
« Il y a des décisions libérales, il y a des décisions
« restrictives, voilà tout (1). »

Limoges le 27 février 1900. S. 1903.2.273. Dans la note, qui accompagne
cet arrêt, M. Pilon apprécie en ces termes le système de la juris-
« prudence : « Théorie arbitraire dans ses conséquences, puisque les
« juges du fond peuvent, grâce au pouvoir souverain d'appréciation,
« qui leur est reconnu sur ces questions, valider ou annuler des dis_
« positions semblables, suivant qu'il leur plait ou non de faire appel
« au principe du double legs conditionnel. »

1. Lambert, *De l'exhérédation*, n° 818.

CHAPITRE IV

Système proposé

Les explications fournies au chapitre précédent ont montré que nous n'admettions ni le système de la double transmission ni celui des non conçus : nous avons analysé l'un et l'autre de ces systèmes, et nous avons, en même temps, exposé les raisons pour lesquelles nous ne pouvons les accepter.

Il nous faut maintenant indiquer quelle est notre opinion sur la matière, et la justifier ; quel est donc le critérium qui nous permettra de distinguer la substitution prohibée par l'article 896 du double legs conditionnel alternatif autorisé par l'article 1040 ?

Il est utile ici de rappeler la définition, que nous avons donnée plus haut : doit être considérée comme une substitution prohibée, toute disposition par laquelle une personne reçoit, à titre gratuit, d'une autre des biens avec charge de les conserver et de les rendre à son décès, à une ou plusieurs personnes déterminées, vivantes et capables à cette époque.

En analysant les divers éléments de la substitution, nous avons insisté spécialement sur l'un d'eux : le trait de temps fixé au décès du premier gratifié. Nous devons revenir à ce caractère, car c'est là qu'il faut, à notre avis, chercher le point de départ de la distinction à établir entre les legs conditionnels et la substitution.

Fixer la durée du trait de temps au décès du premier légataire, c'est exiger que l'appelé survive au grevé, c'est subordonner l'ouverture des droits du deuxième bénéficiaire au prédécès du premier, c'est considérer également ce prédécès, comme l'éventualité qui résoudra le titre de propriétaire du premier bénéficiaire.

Cet élément, ainsi envisagé, fait apparaître en cette matière l'idée de condition, il nous faut, en effet, démontrer que la substitution est, avant tout, une disposition conditionnelle et, que dans toute substitution une condition est sous-entendue : pour le grevé celle de son prédécès, qui mettra fin à sa propriété, et pour l'appelé celle de sa survie au grevé qui l'investira au contraire de la pleine propriété sur ces mêmes biens (1).

L'article 1040 déclare valables les conditions apposées aux dispositions testamentaires, toutefois il ne

---

1. Ici s'impose une remarque au sujet des substitutions conditionnelles.

Nous venons de dire en effet que toute substitution est soumise à la condition de survie de l'appelé au grevé et doit être regardée à ce titre comme une disposition conditionnelle.

La condition à laquelle nous faisons allusion maintenant est toute autre, c'est celle qui, indépendamment de la question de survie de l'appelé — que renferme toute substitution — subordonne l'ouverture de la substitution à un événement incertain, ou, si l'on préfère, ajoute à la condition de survie, sans laquelle il ne saurait y avoir de

veut parler — cela va de soi — que des conditions
licites, celles qu'aucun texte ne prohibe formellement. Cet article valide bien, en général toutes les
conditions, mais il ne signifie nullement que toutes
les conditions à quelque espèce qu'elles appartien-
dront, produiront leurs effets. Certaines d'entre elles
sont expressément défendues par le Code lui-même :
c'est ainsi que l'article 1040 ne va pas à l'encontre de
l'article 900 qui considère comme non écrites « les
« conditions impossibles, celles qui seront contraires
« aux lois ou aux mœurs », tout le monde l'admet.

Il doit en être de même de l'article 896 (1) : ce texte
prohibe une catégorie spéciale de conditions apposées aux donations entre vifs ou testamentaires : la
condition résolutoire retardée jusqu'au décès d'un
premier bénéficiaire.

substitution, une condition nouvelle, à laquelle est soumise l'ouverture de cette substitution.

L'article 896, qui déclare nulles les substitutions fidéicommissaires
s'applique aux substitutions conditionnelles comme aux substitutions pures et simples; il n'y a à cet égard aucune distinction à faire
entre les unes et les autres, l'ordre successif n'en existe pas moins
parce qu'il est établi conditionnellement. Tous les auteurs l'admettent.

Demolombe, 18, n° 156; Aubry et Rau, VII, § 691. p. 314, note 39;
Baudry et Colin, II, n° 3165; Massigli, *Revue critique*, année 1883,
p. 259, ainsi que la jurisprudence :

Cassation, 7 mars 1876, D. 1876.1.197; Cassation, 28 décembre 1881,
D. 1882.1.246; Cassation, 14 avril 1894, D. 1894.1.323; Cassation,
2 décembre 1903, D. 1904.1.182.

1. Suivant M. Bartin, *loc. cit.*, p. 17 et s., la clause de substitution n'est pas une condition illicite de la libéralité adressée au grevé
mais une condition « juridiquement impossible ».

La substitution, à vrai dire, n'est qu'une variété des legs conditionnels et c'est cette condition de survie du deuxième bénéficiaire par rapport au premier qui fait l'objet de la prohibition édictée par cet article : la sanction en est particulièrement rigoureuse puisque la disposition tout entière tombe.

En d'autres termes, l'article 896 prohibe toutes dispositions à condition retardée jusqu'à la mort. C'est ce que nous exprimions dans notre première partie, en disant que la charge de conserver et de rendre éventuellement imposée au propriétaire par la condition mise à un legs, durait, dans la substitution, pendant toute la vie du grevé et ne cessait que par la survie de l'appelé au grevé lui-même.

Cette condition de restitution au décès fut ainsi mise à part par les rédacteurs du Code : elle fut jugée dangereuse et prohibée. On ne peut découvrir entre elle et toutes les autres conditions qui vont constituer de simples legs conditionnels qu'une différence, celle qui résulte de l'article 896 : celles-ci seront licites, la première ne le sera pas. En dehors de là, tout est ressemblance, dans leur nature, dans leurs caractères et dans leurs avantages ou inconvénients pratiques.

Ce criterium nie donc, contrairement à la jurisprudence, qu'il y ait une différence essentielle et de nature entre le double legs conditionnel et la substitution, il considère cette dernière comme une simple variété de dispositions conditionnelles : toute disposition qui sera faite en faveur d'une personne pour n'avoir effet qu'à la mort d'une autre personne

jusque-là investie des mêmes droits est une substitution : les legs conditionnels sont le genre, les substitutions sont l'espèce : l'article 1040 permet le genre
tandis que l'article 896 prohibe une espèce.

Qu'est-ce en effet qu'une substitution dans le sens
de l'article 896 ? Sinon, une disposition conditionnelle,
un fidéicommis des biens donnés, imposé au grevé de
manière que les biens adviennent à l'appelé au décès
du grevé si celui-ci meurt avant l'appelé, de sorte
que le grevé, qui en aura joui en qualité de propriétaire, n'ait cependant profité que de la jouissance
pendant sa vie. Personne ne peut contester cette
vérité. La substitution consiste dans la disposition
secondaire, qui fait que le premier gratifié conserve
pendant sa vie et rend à sa mort au deuxième gratifié
le domaine qui lui avait été donné, en gardant pour
lui la jouissance et l'usufruit que l'événement détermine lui avoir seuls appartenu incommutablement.

De même que l'institution du grevé est en soi affectée d'une condition résolutoire, de même la
seconde disposition — la substitution — est essentiellement conditionnelle : « Jamais on ne trouvera
« une substitution, déclare Coin-Delisle, qui n'affecte
« pas l'institution d'une condition résolutoire ; jamais
« on ne trouvera une substitution qui ne soit faite
« sous la condition suspensive de la survie de l'ap-
« pelé au grevé » (1).

1. Coin-Delisle sur l'article 896, n° 296, cite de nombreux passages
des anciens auteurs notamment le n° 311 du traité de Thévenot.

« Les substitutions consistent toujours dans une condition parce

L'éventualité de cette condition consiste à savoir
lequel des deux bénéficiaires prédécédera, ou ce qui
revient au même, lequel survivra à l'autre ; le premier
bénéficiaire vient-il à décéder du vivant du second,
on est en présence d'une substitution, la condition
(résolutoire pour l'un, suspensive pour l'autre) produira son plein et entier effet ; il en est tout autrement si le deuxième bénéficiaire meurt avant le premier bénéficiaire : la condition défaille : impossible
désormais de trouver dans cette libéralité la moindre
substitution.

Après avoir établi que toute substitution renferme
une condition et peut dès lors être considérée comme
rentrant dans la catégorie des dispositions conditionnelles, il nous faut démontrer, à l'inverse, comment un double legs peut — à l'occasion — dégénérer en une substitution prohibée et par suite en
présenter tous les éléments.

Tout d'abord, on trouve dans les legs conditionnels,
la double transmission. En effet, n'est-il pas évident,
que, tant que la condition n'est pas accomplie, la propriété ne peut encore appartenir au légataire, et qu'il

« qu'il faut, pour que le fidéicommis s'effectue, que l'appelé survive au
« grevé ; car le substituant n'a voulu gratifier, par son fidéicommis
« que la personne même de l'appelé et non pas les héritiers et les
« représentants de ce substitué. L'effet de la substitution sera donc en
« suspens jusqu'à la mort du grevé : il y aura incertitude sur la réa-
« lisation jusqu'à ce qu'on sache si l'appelé survivra ou non au
« grevé... La mort du grevé n'arrivera peut-être qu'après la mort du
« substitué lui-même, et alors le fidéicommis n'aura jamais existé. »

faut bien, dès lors, par la force même des choses, qu'elle appartienne à l'héritier chargé du legs? Si donc la condition vient à s'accomplir, comment ne pas voir ici la double transmission, qui pour certains est le signe caractéristique de la substitution? Dira-t-on que l'accomplissement de la condition rétroagissant au jour du décès, le légataire n'en est pas moins saisi dès le principe, sans intermédiaire entre le testateur et lui ; et qu'en conséquence la propriété est acquise à l'appelé seulement *ut ex nunc*? Ce sont là des mots (ainsi que nous l'avons démontré au chapitre précédent) mais ceux qui ne voudront pas s'en contenter, et qui s'attacheront aux effets, trouveront que le droit de l'héritier, qu'il soit chargé d'un egs conditionnel ou qu'il soit grevé de substitution, est absolument le même. Dans les deux cas, tant que l'événement n'est pas arrivé, l'héritier peut faire tous les actes de propriété, tels que constitution d'hypothèque, aliénation, etc. ; dans les deux cas si la condition s'accomplit ou si la substitution s'ouvre, les aliénations, les hypothèques sont résolues ; dans l'une comme dans l'autre espèce, l'héritier acquiert les produits de la chose, et n'est, à cet égard, tenu d'aucune restitution : en sorte que l'on disait indifféremment des deux cas que le droit n'est acquis que *ut ex nunc*, en ce sens, que le grevé garde les fruits et les produits antérieurs à l'événement de la condition, ou qu'il est acquis, au contraire, *ut ex tunc*, en ce sens, que les aliénations ou hypothèques sont résolues.

Ainsi donc la double transmission, c'est-à-dire la coexistence de deux libéralités, au profit de deux personnes distinctes et déterminées par le disposant et devant reposer successivement sur deux têtes, ce premier élément des substitutions se rencontre, quoi qu'on en dise dans les legs conditionnels : l'effet rétroactif de la condition, qui n'est qu'une fiction, ne pourra faire qu'en réalité une personne n'ait été investie de la propriété jusqu'à l'arrivée de la condition.

La charge de conserver et de rendre existe aussi dans le legs conditionnel (1), si elle n'est pas formellement exprimée, elle découle nécessairement de l'incertitude du droit du propriétaire tant que l'éventualité de la condition ne s'est pas réalisée. Est-ce un legs sous condition suspensive ? Comme dans notre droit, la propriété ne doit jamais rester en suspens, en ce sens qu'elle repose toujours sur une tête, le légataire ne devant avoir de droit qu'à l'événement de la condition à laquelle est soumis son legs, la propriété est, dès la mort du *de cujus*, transférée par l'effet de la succession, soit à l'héritier ou au légataire universel institué. Ce dernier, investi de la pleine propriété de la chose, devra seulement la conserver jusqu'au jour fixé pour l'ouverture du droit du légataire conditionnel et la rendre à celui-ci à cette

1. «Mais la charge de conserver et de rendre, dit M. Labbé (S. 1874. « p. 8, 3ᵉ colonne) que l'article 896 met en saillie pour caractériser « ce qu'il prohibe, se rencontre également dans toutes les deux (dis- « positions conditionnelles et substitution. »

époque. Est-ce un legs sous condition résolutoire ?
les choses ne se passent pas d'une façon sensiblement
différente. Dès le jour du décès, le légataire institué
sous condition résolutoire est saisi et investi de la propriété pleine et entière de la chose léguée, mais il
est tenu de la conserver entre ses mains, en ce sens
que son droit est résoluble, et si la condition résolutoire vient à se réaliser, il devra rendre au tiers
appelé à en bénéficier ou à l'héritier du *de cujus* les
biens qu'il avait reçus de ce dernier, francs et quittes
de toutes charges réelles, ce qui a pour effet d'anéantir les aliénations qu'il pourrait avoir consenties.

Les deux premiers éléments de la substitution se
retrouvent ainsi dans toute disposition conditionnelle, mais là s'arrête l'assimilation qui existe entre
ces deux institutions.

Il est bien évident, par contre, que l'on ne saurait
y rencontrer le dernier élément de la substitution,
c'est-à-dire le trait de temps fixé au décès : dans le
double legs conditionnel, en effet, la condition peut
être quelconque, tandis que dans la substitution,
l'éventualité est toujours la même : la survie de
l'appelé au grevé.

Nous venons de démontrer — en dépit de la fiction
de la rétroactivité invoquée par la jurisprudence —
que le double legs conditionnel alternatif impose au
premier légataire, et la double transmission, et la
charge de conserver et de rendre, si la condition
s'accomplit. Dès lors, il nous sera permis de tirer
cette conclusion, que quand deux dispositions présen-

tent à l'analyse les mêmes éléments constitutifs, un seul excepté, la logique veut que l'on considère ce dernier élément comme un critérium absolu. Toute disposition qui réunira les trois caractères énumérés ci-dessus, sera une substitution, comme le legs conditionnel où la condition est reculée à l'époque du décès du premier légataire présentera ces trois éléments de constitution, on est en droit de déclarer que c'est une véritable substitution.

Le Code, il est vrai, ne fait pas mention de ce troisième élément, mais cet oubli — si c'en est un véritablement (1) — n'a aucune importance, les rédacteurs s'en étant référés purement et simplement aux substitutions qui existaient à leur époque. En faveur de cette opinion, on trouve un argument très puissant dans l'article 1040, ce texte nous montre que, dans les substitutions permises, la charge de rendre ne s'exécute qu'à la mort du premier donataire ou légataire : il doit en être de même dans les substitutions prohibées. Comment pourra-t-on soutenir le contraire ?

Nos deux institutions — substitution et double legs conditionnel — produisent exactement les mêmes effets, bien qu'à première vue elles semblent avoir un mécanisme juridique différent, en conséquence, nous devons insister quelque peu sur les ressemblances et les analogies qu'elles présentent.

Aussi, pour mieux démontrer que, si le grevé était investi de la propriété actuelle sous condition réso-

---

1. *Supra*, 2ᵉ partie, chapitre I, pages 39 et s.

lutoire, il y aurait un legs conditionnel prohibé
sous la qualification de substitution, il est nécessaire
d'établir un parallèle entre le fidéicommis permis et
le fidéicommis prohibé. Tous deux ont une seule et
même nature, la différence qui les sépare n'est que
secondaire, et ne provient que d'un motif de faveur
à l'égard de certaines personnes et de certains biens
de famille. Les tribunaux ne chercheront pas à voir
une disposition conditionnelle, mais une simple substitution permise, dans la formule par laquelle un
père lègue « la quotité disponible de ses biens à son
« fils unique en usufruit, quoi qu'il arrive, et en nue
« propriété sous la condition résolutoire de son pré-
« décès à ses enfants, ceux-ci devant en ce cas être
« réputés avoir été propriétaires de la quotité dispo-
« nible sous condition suspensive. » Et pourtant ils
n'auraient pas hésité à reconnaître un double legs
conditionnel, si le testateur avait disposé de la même
façon en faveur de personnes quelconques. Juger
ainsi, c'est oublier que le disposant ne peut rien
créer, que la loi seule est maîtresse absolue et qu'elle
seule veut ; qu'en dernière analyse toute substitution,
qu'elle soit permise ou prohibée, n'est en réalité,
qu'une double disposition sous condition suspensive
et résolutoire.

Le testateur, dans un cas comme dans l'autre, n'a
fait que décrire « par ce verbiage savant (1) » les

---

1. Coin-Delisle. *Revue critique de législation et de jurisprudence,*
1856, § 5 de l'article.

effets d'un fidéicommis, effets valables dans le premier
cas en vertu des articles 899 et 1040, nuls dans le
deuxième en vertu de l'article 896.

De ce que la substitution permise n'est qu'un
double legs conditionnel, il en résulte que là où on
ne pourra plus appliquer les articles 1040 et suivants,
le double legs, quand la condition est la survie du
deuxième légataire, devra forcément constituer une
substitution prohibée.

La théorie des substitutions, à quelque catégorie
qu'elles appartiennent, repose sur les mêmes principes. Le grevé de substitution est le seul propriétaire
des biens, mais cette propriété est résoluble au profit
des substitués lors de l'arrivée de la condition, qui
doit donner ouverture à la substitution (1) : le substitué, avant cette époque, n'a aucun droit, mais une
simple espérance. Le premier gratifié sera donc propriétaire des immeubles qui lui ont été légués : il
pourra en disposer à sa guise, mais, toutes les aliénations qu'il consentira seront résolubles à l'arrivée
de la condition, et à ce moment-là seulement, le substitué et lui seul aura le droit d'intenter toutes actions
pour reprendre les biens francs et quittes de toutes
charges réelles consenties par le grevé, tels en un
mot qu'ils se trouvaient au sortir des mains du disposant. Par suite, nous pouvons conclure que la substitution ne peut s'analyser autrement qu'en un legs
sous condition résolutoire, fait au profit de la per-

1. Pothier. *Des substitutions*, n° 153.

sonne chargée de rendre à son décès et que les droits
du grevé et de l'appelé ne sont que des droits conditionnels.

Toutes les tentatives qui ont été faites pour donner une autre explication ont échoué. En effet, quelle
est exactement la nature du droit du grevé ? Sur cette
question, le Code garde le silence ; on doit donc
faire appel aux principes généraux. C'est ce qu'ont
fait les auteurs, mais ils sont arrivés à des conceptions très divergentes les unes des autres, nous ne
les exposerons pas dans leur ensemble (1), bien que
l'étude de ces différentes opinions soit particulièrement intéressante en raison de leur variété, mais
cet examen nous éloignerait beaucoup de notre sujet.

A vrai dire, et c'est notre opinion, le droit du
grevé est d'une nature tout à fait particulière, il n'est
ni à temps (2), ni résoluble (3) : il faut s'en tenir ici
à la rédaction de l'article 896, le grevé est propriétaire des biens mais à la charge de les rendre et par
suite de les conserver.

1. Voir pour l'exposé des différents systèmes : Dupuy. *Des substitutions permises,* thèse Toulouse 1907, p. 103 et s. — Baudry et Colin.
Donations, t. II, n°s 3077 et s.

2. Demolombe, XVIII, n° 94 ; Duranton, VIII, n° 79 ; Vilargues,
n° 57.

3. C'est la théorie de l'ancien droit ; Thévenot, n°s 580 à 583, 570 à
558 et n° 877 ; Ricard. *Tr. des dispositions conditionnelles,* n° 183, et
Tr. des substitutions, n° 100 ; Pothier, *Tr. des substitutions,* n°s 153
et s., principalement n°s 158 à 161 ; Toullier, III, p. 407, n° 736 ; Cotelle. *Cours de droit français,* 1813, t. II, p. 279 ; Aubry et Rau, t. VII,
§ 696, 3° et les auteurs cités.

L'existence de cette charge implique qu'entre les mains du grevé, les biens substitués sont frappés d'indisponibilité ou mieux d'inaliénabilité (1) dans l'intérêt des appelés. Les aliénations ou les constitutions de droits réels qu'il aura pu consentir, seront donc nulles (et non pas résolues) si la substitution vient à s'ouvrir. Il en résulte que le grevé ne peut pas disposer des biens au préjudice des substitués, mais il n'en résulte pas que le droit du grevé soit résolu.

S'il est facile de comprendre au point de vue de la pratique le fonctionnement de la substitution, il est beaucoup plus difficile de le justifier au point de vue juridique. Très grande est, en effet, la difficulté si on veut aller ici au fond des choses et préciser le fondement purement juridique du droit de l'appelé ; on peut constater beaucoup plus qu'on ne peut expliquer.

1. Pour le système de l'inaliénabilité, Laurent, XIV, n° 562 ; Coin-Delisle sur l'article 896 du Code civil, n° 16 ; Planiol, III, n° 3320 ; Baudry-Lacantinerie. *Des donations*, II, n°ˢ 3076 et s.

Signalons la théorie originale de M. Huc, qui au tome VI de son *Traité de droit civil*, n° 17, assimile l'ouverture de la substitution aux divers cas de perte de la chose sur laquelle s'exerce le droit de propriété : quand la substitution s'ouvre il y a « perte juridique comme « il aurait pu y avoir perte matérielle ».

De même la théorie de M. Bartin : le grevé est bien propriétaire jusqu'au jour de la restitution, « mais la charge de conserver et de « rendre, qui est un des traits originaux de la substitution, ne se ré-« sout pas en une obligation personnelle du grevé... C'est plus et « mieux qu'une obligation : c'est un statut d'indisponibilité réelle. » P. 30 et s.

Le mécanisme de la substitution repose sur la combinaison de deux principes de droit, qui s'excluent formellement ; aussi toutes les explications qu'on serait tenté de donner à côté de celles tour à tour adoptées par les auteurs, risqueraient-elles fort d'être, sinon inexactes, au moins incomplètes ! Il fallait, en effet, pour que la substitution répondît aux besoins en vue desquels elle était organisée, concilier deux choses contradictoires (1). Il fallait que l'appelé pût recueillir dans la succession du grevé, et comme s'il était son héritier, des biens auxquels il succédait par la volonté d'un autre que le grevé, en d'autres termes, faire qu'une personne vînt exercer, dans une succession, des droits qu'elle tient d'un autre que le *de cujus* lui-même.

« Dès lors, comment donner, s'écrie M. Colin,
« une explication juridique, absolument satisfaisante,
« d'un résultat qui, rationnellement, paraît inexpli-
« cable? » (2).

1. Comparez ce que dit M. Bartin, p. 17.

« Donc, le vœu du disposant, qui était de le (l'appelé) gratifier par l'in-
« termédiaire du grevé, sans le rendre son ayant cause, était contra-
« dictoire, et partant impossible à remplir, aussi impossible que la
« condition d'accomplir un acte juridique valable en dehors des lois
« de sa validité, car il s'analysait en cette volonté : faire abstraction
« de la personne du grevé et rendre directement propriétaire l'appelé
« qui n'existe pas ; ou bien, tenir compte du grevé, et faire rétroa-
« gir après la naissance de l'appelé c'est-à-dire dans le vide, la condi-
« tion résolutoire qui affectait le droit du grevé. »

2. Colin, *Donations*, t. II, n° 3.077.

De même Huc, t. VI, n. 17, ce savant auteur s'exprime ainsi :
« Cela est plus difficile à justifier au point de vue juridique. Mais

Quoi qu'il en soit sur ce point, le caractère conditionnel du droit du grevé et de celui de l'appelé ne
saurait être contesté, il est de l'essence même de
toute substitution ; sans l'éventualité de cette condition, on ne peut découvrir la moindre trace d'une
substitution.

Ces longs développements sur la similitude qui
existe entre la substitution et certains doubles legs
conditionnels alternatifs nous ont quelque peu éloigné de l'exposé de notre critérium : sera considérée
comme tombant sous la prohibition de l'article 896,
toute disposition, qui, sous les détours les plus va-
riés et les plus complexes, aura pour but de faire
produire à la volonté d'un testateur les effets que la
loi a entendu proscrire et prohiber dans l'article 896,
c'est-à-dire annuler — et non considérer comme non
écrites — toutes les conditions qui retardent l'échéance
d'un droit de propriété au décès d'un précédent légataire (1).

« *naturalis ratio auctoritate senatus commutari non potuit. D. De usufr.*
« *ear. rer.*, loi 3, § 1) et il est inutile de chercher une explication ju-
« ridique de ce qui a été reçu *contra rationem juris.* » — Laurent,
t. XIV, n° 537, fait remarquer que les substitutions sont une anoma-
lie et qu'il faut les prendre telles que le législateur les consacre.

Enfin terminons par l'explication que donne M. Bartin, p. 19.

« La clause de substitution, qui n'est entre que la conditon de ren-
« dre propriétaire une personne sans devenir son auteur, ne peut
« s'exécuter que si la loi ne donne point la qualité d'ayant cause à l'ap-
« pelé, qui reçoit des mains du grevé l'objet de la substitution : ce qui
« est juridiquement absurde. »

1. Cette théorie qui pose l'époque de la restitution comme principe
de distinction entre les legs conditionnels et les substitutions, compte

Ce critérium peut — à l'opposé de celui de la jurisprudence — se réclamer des travaux préparatoires et s'appuyer tant sur les discours des orateurs que sur les intentions des rédacteurs du Code : il répond particulièrement aux motifs qui furent invoqués pour prohiber les substitutions.

La Révolution, en effet, venait d'établir et le Code entendait conserver un nouvel ordre successoral basé sur l'égalité absolue et intégrale entre tous les cohéritiers, et sur le partage des biens sans distinc-

---

de nombreux partisans ; Duranton, VIII, nos 86 et 87 ; Toullier, n° 42 Grenier, I, p. 121 ; Bugnet sur Pothier, VIII, p. 457, note 3 ; Demolombe, t. 18, nos 101 et s.

Ce dernier soutient la même opinion dans une consultation. D. 1874.1.52. « Toutes les fois, dit Demolombe, que le même objet est « donné à un premier légataire, sous une condition résolutoire, et à un « second sous une condition suspensive dont l'accomplissement est né- « cessairement reporté à l'époque du décès du premier légataire, il y a « un legs conditionnel qui constitue une substitution. » Aubry et Rau, t. VII, n° 694, p. 313, note 3, 4e édition. Mémin, *Des substitutions fidéi-commissaires*, n° 18 et surtout n° 25.

Demante et Colmet de Santerre dans leur *Cours analytique de Code civil*, tome IV, n° 10 *bis*, 6, 2e édition, s'expriment en des termes très explicites.

Il n'y a, pour ces auteurs, « d'autre règle pratique sûre pour dis- « tinguer la substitution et le legs conditionnel que de s'attacher au « dernier caractère de la substitution, consistant dans l'ouverture « éventuelle du droit à la mort du grevé. Ainsi, toute disposition, dé- « pendant d'un événement autre que la mort de la personne chargée « de l'acquitter, devrait passer pour simple legs conditionnel.

« Et au contraire, toute disposition subordonnée à la mort de la « personne chargée de l'acquitter et à la survie du gratifié (en second « ordre) passerait nécessairement pour substitution prohibée. »

tion de nature et d'origine. Si on eût alors laissé
subsister les substitutions, ç'eût été compromettre à
jamais le sort des principes que l'on voulait introduire dans notre législation civile : « Ç'eût été per-
« mettre la résurrection ou la perpétuation d'institu-
« tions qu'on trouvait odieuses. Il ne fallait pas qu'une
« volonté particulière pût créer une loi, à côté de la
« loi, un ordre de succession à côté de l'ordre déter-
« miné par le législateur (1). »

Logiquement, nous devrions aborder maintenant
l'examen des motifs, qui, en 1804, firent maintenir et
même aggraver la prohibition de la loi de 1792 ; mais
pour nous conformer au plan de notre étude, nous
devons rejeter toutes nos explications sur ce point
aux développements ultérieurs (2). Nous verrons alors
que nulle part, dans les travaux préparatoires, on ne
fit allusion à une clause qui fixerait la restitution des
biens à une autre époque, que celle de la mort du
grevé : la condition, qui fut déclarée illicite, était uniquement la condition de survie du deuxième bénéficiaire au premier.

Les auteurs, qui approuvent la jurisprudence et
qui admettent comme elle qu'il y a une différence
de nature entre le double legs conditionnel alternatif et la substitution, ont cherché à nier que toute
substitution renfermât une condition. S'ils admettaient, comme nous, que l'appelé fût légataire sous

1. Berthélemy, note *Pandectes*, 1891.1.829.

2. *Infra*, IIIᵉ partie, page 228 et s.

la condition suspensive de sa survie au grevé, leur
système serait insoutenable et n'aurait aucun fondement : ils devraient, en effet, admettre dans les deux
hypothèses la rétroactivité de la condition, en fin de
compte ils supprimeraient à jamais toute substitution,
puisqu'ils ne rencontreraient plus dans tous les cas
qu'une seule transmission de biens. Ils ont cherché
à expliquer autrement le caractère éventuel du droit
de l'appelé. « Son droit (de l'appelé) n'est pas plus
« conditionnel, dit M. Tissier (1), que le droit d'un
« successeur quelconque, qui doit exister et être ca-
« pable pour recueillir la succession à laquelle il est
« appelé. Un élément essentiel de l'existence d'un
« droit n'est pas une condition : la justification des
« qualités requises pour succéder n'est donc pas une
« condition, le droit de l'appelé n'est pas un droit
« conditionnel, c'est un droit de succession, qui sup-
« pose essentiellement, pour son acquisition, l'exis-
« tence de certaines qualités. »

Cette argumentation est spécieuse et se base sur
une analyse inexacte de la situation. La véritable caractéristique de la condition c'est l'incertitude portant sur l'existence même du droit à conférer, le
droit de l'appelé prendra-t-il naissance ou non ? Cette
ncertitude ne se dissipera qu'à la réalisation d'un
événement qui est dans notre hypothèse la survie de
l'appelé au grevé. Avant de vérifier si les différents

1. Tissier, *Revue trimestrielle*, p. 769 et 770. De même M. Planiol,
III, n⁰ˢ 3217 et 3223.

éléments de l'existence du droit de l'appelé sont réunis, il faut avant tout s'être assuré que ce droit peut exister (1) et est susceptible de se former.

C'est dans le même but d'écarter l'idée de condition dans les substitutions, que les partisans du système de la jurisprudence ont cherché à établir une autre différence entre la substitution et le double legs conditionnel alternatif, basée sur l'intention du disposant.

Dans la pensée du testateur, disent ces auteurs, les legs conditionnels subordonnés à un événement futur et incertain, dont le testateur souhaite ou redoute l'arrivée, ne se confondent pas avec les substitutions fidéicommissaires, dans lesquelles des légataires, définitivement choisis, se succéderont l'un à l'autre : dans le premier cas seulement, il y a réellement incertitude sur la désignation du légataire ; le testateur, quand il rédigeait ses dernières volontés, ne savait pas encore lequel des deux gratifiés recueillerait ses biens, c'est l'arrivée ou la non arrivée de la condition qui fera que tel ou tel légataire sera appelé à bénéficier de la libéralité (2). Il en est tout

1. Ce sont deux choses différentes, la condition de survie pouvant très bien se réaliser, sans que le droit de l'appelé puisse exister, par exemple : l'appelé a bien survécu au grevé, mais avant le décès de ce dernier l'appelé était devenu incapable de recevoir par acte à titre gratuit (donation ou testament).

2. De même que précédemment pour la nature du droit de l'appelé, les partisans du système de la jurisprudence sont presque forcés de

autrement, ajoutent-ils, au cas de substitution : c'est
ce que nous ne pouvons admettre. Nous ne voyons
pas ici comment l'attribution définitive des biens du
disposant est moins incertaine qu'au cas de legs conditionnels.

Ne dépend-elle pas également d'un événement
futur et incertain, la survie de l'appelé ? Le droit de
ce dernier n'existe, comme du reste pour le deuxième
légataire, en cas de double legs conditionnel, que si
la condition se réalise. L'éventualité est donc de
même nature et existe au même point dans les deux
hypothèses, que l'on cherche à différencier. Au contraire, il nous apparaît qu'en matière de substitution,
l'incertitude de la désignation des bénéficiaires en
deuxième ligne est beaucoup plus grande, puisque
le testateur appelle à sa succession — il y est même
forcé par l'article 1050 qui déclare que les substitutions permises par les articles 1048 et 1049 ne seront
valables qu'autant que la charge de restitution sera
au profit de tous les enfants nés et à naître du grevé —
des individus dont il ignore totalement l'existence.

Ces mêmes auteurs invoquent, en faveur du système de la jurisprudence, un argument peu différent
du précédent, basé non plus sur le degré de l'incer-

---

faire de semblables distinctions. S'ils admettaient que la désignation
de l'appelé est affectée d'une condition sous-entendue, ils ne devraient
voir dans toute substitution qu'un bénéficiaire, celui que l'arrivée ou
la non arrivée de la condition ferait connaître et désignerait d'une
manière définitive.

titude de la propriété, mais sur les inconvénients plus
ou moins considérables qu'elle engendre.

L'incertitude de la propriété, qui résulte de la clause
de substitution, offre à leur avis de plus graves inconvénients et dure beaucoup plus longtemps que celle
provenant de legs conditionnels. Cette affirmation
est très discutable, on a de sérieuses raisons de douter de son exactitude.

Cette incertitude ne produit-elle pas, en effet, les
mêmes effets et n'est-elle pas de même nature, que
le testateur dise : je lègue mes biens à Paul, mais
si Paul ne parvient pas à l'âge de 100 ans, je lègue
mes biens à Pierre ; ou qu'il se borne à dire : je
lègue mes biens à Paul et à son décès à Pierre : le
résultat est le même ; pratiquement, il faudra attendre dans les deux cas le décès de Paul.

Sans avoir recours à des conditions à réalisation
très éloignée, un double legs conditionnel peut présenter, sur ce point spécial, des inconvénients beaucoup plus considérables qu'une substitution. Dans
cette dernière, l'incertitude de la propriété ne dure
que pendant la vie du grevé et ne peut se rencontrer
sur la tête d'aucune autre personne. Il peut arriver,
au contraire, dans un double legs conditionnel alternatif que le premier légataire — sous condition résolutoire — venant à mourir avant que l'éventualité
de la condition se réalise, les biens composant le legs
passent à ses héritiers et même aux héritiers de ses
héritiers : ce qui étend la gêne du commerce beaucoup plus qu'au cas de substitution et fait reposer

dans un plus grand nombre de mains une propriété incertaine (1).

En répondant à ces diverses objections, nous avons vu que le double legs conditionnel où la condition devant faire passer les biens des mains d'un premier institué à un autre est la mort du premier, présente tous les caractères des substitutions et en a les mêmes inconvénients.

Faisons remarquer, au surplus, que si, dans ces dispositions conditionnelles, on devait appliquer la rétroactivité, on ne trouverait plus nulle part de substitutions fidéicommissaires : il suffirait d'appeler le bénéficiaire de la deuxième libéralité sous une condition dont l'accomplissement ne manquerait presque jamais de se réaliser (2), de cette façon le droit du premier institué se trouverait toujours résolu, ce

---

1. En voici un exemple : supposons que le testateur ait disposé en ces termes: « Je lègue mes biens à Pierre sous la condition résolutoire que Jacques ne fera pas tel voyage, et à Jacques les mêmes biens s'il accomplit ce voyage. » Si Pierre meurt avant que Jacques l'ait effectué, les biens seront d'abord recueillis par les héritiers de Pierre, qui pourront les partager entre eux et les laisser par plusieurs transmissions à d'autres héritiers.

2. Il suffirait de dire : soit comme précédemment : je lègue mes biens à Paul, et si Paul ne parvient pas à l'âge de 100 ans, je lègue mes biens à Pierre ; soit encore : je lègue mes biens à Paul, mais s'il meurt avant l'âge de 100 ans et sans enfants, je lègue ces mêmes biens à Pierre. En réalité ces conditions assureraient presque tout autant à Pierre la propriété des biens que si j'avais dit que je les donnais à Paul à la charge de les conserver et de les rendre à sa mort à Pierre ou de les rendre à Pierre, si à la mort de lui Paul, il n'avait pas d'enfants.

dernier en aurait conservé les biens pendant toute sa vie, non pas comme usufruitier, mais bien à titre de propriétaire. Aussi n'est-il pas douteux que les auteurs du Code n'aient prohibé aussi ces dispositions déguisées.

En conséquence, toute institution ou legs sous la condition résolutoire de la mort du premier gratifié avant le second, qui doit acquérir les mêmes biens par l'événement du décès du premier, est nulle aux termes de l'article 896; tout legs fait sous la condition suspensive de la survie du légataire à l'institué dans les mêmes biens est nul et annule la disposition principale aux termes de ce même article. Il faut donc, pour qu'un legs ou une institution sous condition résolutoire soit valable, que l'évènement qui doit amener cette résolution ne soit pas le décès de l'institué combiné avec la survie de l'appelé; et pour que le legs fait à un tiers sous condition suspensive des biens déjà donnés à l'institué soit valable, il faut que l'événement qui doit « purifier » (1) — selon l'expression de nos anciens auteurs — la condition ne soit pas la survie du légataire à l'institué.

Tel est donc le critérium auquel nous nous rallions et auquel nous devons recourir pour reconnaître quels sont les legs conditionnels valables : « Il ressort avec « évidence, dit M. Lambert, de l'examen des textes « du Code civil que le legs se transforme en sub- « stitution par cela seul que l'ouverture en est subor-

1. Ricard, *Traité des dispositions conditionnelles*, n° 203.

« donnée au décès du précédent légataire. L'article
« 1040 autorise toutes les autres conditions, mais
« les articles 896, 898 et 899 prohibent celle-là (1). »

Ce système, qui est pourtant celui du Code, a paru
trop dur quand il a fallu en faire l'application en
jurisprudence et dans le but de faire disparaître insensiblement la règle de l'article 896, « les auteurs
« ont introduit en notre matière une distinction
« dont il n'existe pas de trace dans le Code... la
« jurisprudence a dû attacher un sens différent à deux
« mots (legs conditionnel et fidéicommis) qui jus-
« que-là ne désignaient qu'une même chose, afin de
« faire reparaître, sous le nom de legs, la pratique
« que le législateur avait frappée sous le nom de
« substitution (2). »

Au point de vue purement juridique, nous ne saurions admettre la solution de la jurisprudence : l'article 896 a toujours la même signification qu'en 1804,
sa prohibition est restée la même et vise les mêmes
dispositions à titre gratuit : le critérium entre les
ubstitutions et les doubles legs conditionnels n'a
donc pu varier au cours du XIXᵉ siècle.

Nous aurions terminé ici cette étude, si nous nous
étions seulement borné à critiquer ce système jurisprudentiel, qui respecte systématiquement la volonté
de l'homme, au mépris de celle du législateur, et si

1. Lambert, *Exhérédation*, nᵒ 780.
2. Lambert, *op. cit.*, nᵒ 781 et nᵒ 803 *in fine*. — Dans le même sens :
M. Planiol note au D. 1893. 2.513.

nous n'avions pas voulu nous rendre compte du
mouvement des idées et des mœurs qui a pu déterminer les tribunaux — cela ne les justifie pas à nos
yeux — à restreindre cette prohibition dans de telles
limites.

Nous aurons à démontrer que la prohibition de 896
s'explique par des considérations politiques et pas-
sagères : il y aura lieu alors de se demander si une
réforme ne doit pas être apportée au Code sur cette
matière ; les reproches que nous pourrions formuler ne s'appliqueraient peut-être pas aux juges qui
respectent une loi mauvaise, mais plutôt aux législateurs qui ne songent pas à l'améliorer : ce sera
l'objet des développements de notre dernière partie.

TROISIÈME PARTIE

EXAMEN DE LA QUESTION AU DOUBLE POINT DE VUE ÉCONOMIQUE ET SOCIAL

Nous avons, au cours de notre deuxième partie, exposé la théorie du double legs conditionnel alternatif, telle qu'elle se dégage des décisions des cours d'appel et de la Cour de cassation ; mais nous ne considérons nullement notre tâche comme terminée. Jusqu'à présent nous nous sommes placé uniquement sur le terrain juridique proprement dit, nous avons laissé de côté le point de vue économique et social de notre question : tous les développements de cette nature ont été intentionnellement rejetés de nos explications pour trouver place à la fin de cette étude.

Il nous reste, en effet, à rechercher les raisons qui ont pu déterminer la jurisprudence à faire œuvre prétorienne et à déclarer valables des dispositions qui sont de véritables substitutions fidéicommissaires et qui devraient, comme telles — en l'état actuel de notre législation — être considérées comme tombant sous la prohibition de l'article 896.

Si la jurisprudence a été amenée peu à peu à éluder la disposition de cet article, n'a-t-elle pas eu en quelque sorte la main forcée par les exigences de la pratique ? N'y a-t-elle pas été entraînée par le mouvement des idées et l'évolution des mœurs au cours du XIX° siècle ?

Nous sommes ainsi amené naturellement à examiner si la prohibition des substitutions fidéicommissaires se justifie aujourd'hui de la même manière qu'en 1804 et, si elle est encore réclamée ou imposée par les besoins de la société actuelle. Nous sommes en conséquence obligé de rappeler très brièvement les motifs qui furent tour à tour invoqués dans notre législation pour réglementer et restreindre dans des limites plus ou moins étroites, suivant les époques, la faculté pour un testateur de faire des substitutions ou, selon l'expression d'un auteur contemporain, la faculté « de tester à la deuxième puissance » (1).

Nous serons à même alors de voir si l'évolution de la jurisprudence en matière de double legs conditionnel est en harmonie avec les conceptions modernes sur le droit qui appartient à tout propriétaire de disposer librement de ses biens ; nous nous demanderons également si, au point de vue économique et social, on ne doit pas considérer la prohibition des substitutions comme une de ces dispositions désuètes et vieillottes du Code civil appelées à disparaître de notre législation.

1. M. R. de la Grasserie. « De la liberté testamentaire chez les peuples étrangers », article dans la *Réforme Sociale*, année 1897, p. 414.

— 207 —

Nous grouperons les développements de cette troisième et dernière partie de la manière suivante :

CHAPITRE PREMIER. — *Ancien droit français.*

CHAPITRE II. — *Droit intermédiaire.*

CHAPITRE III. — *Le Code civil.*

CHAPITRE IV. — *Après le Code.*

CHAPITRE PREMIER

Ancien droit français

Les substitutions étaient très usitées dans la France coutumière, et à part quelques coutumes (1), qui les prohibaient dans des limites plus ou moins variables, partout on substituait indéfiniment et sans aucune réserve.

Dans cette liberté de substituer, partout où les coutumes ne mettaient aucune restriction, on était arrivé à ce qu'une personne pouvait léguer ses biens à une autre personne pour des séries infinies de générations, et on voyait des mourants se creusant l'imagination pour parer à toutes les éventualités, afin que leurs biens suivissent la destinée qu'ils voulaient, et que la loi ne reçût pas son application.

1. On peut classer au point de vue qui nous occupe les coutumes en quatre grandes classes : 1° celles qui prohibaient complètement les substitutions (Montargis, Nivernais, Bassigny, Hainaut, Bretagne, Normandie) ; 2° celles qui prohibaient seulement les substitutions testamentaires (Auvergne, Bourbonnais, Marche, Sedan) ; 3° les coutumes qui les autorisaient expressément (Metz, Reims, Vermandois, Bar) ; 4° enfin les coutumes autorisant tacitement les fidéicommis, c'est-à-dire la généralité des coutumes. Pour l'indication des articles visant spécialement les substitutions, voyez Merlin, *Répertoire*, t. 32, v° *Substitut. fidéicommissaire*, sect. 1, § 1er.

On se servait des substitutions pour perpétuer dans une famille une catégorie de biens ou pour avantager une ligne quelconque ; on s'en servait surtout pour conserver la splendeur du nom d'une famille, en faisant en sorte que son chef, celui qui le portait, eût à sa disposition une fortune colossale. C'était là un moyen de première importance pour former une noblesse puissante, soutien du trône. A ce point de vue, rien peut-être n'a contribué aussi fortement que les substitutions, au développement du régime féodal ; ce sont elles, qui ont consolidé plus tard la monarchie par le moyen d'une noblesse riche et fière, qui formait une véritable caste dans l'État.

Les substitutions n'étaient même permises que pour les nobles, car c'est à eux qu'on s'intéressait, c'est eux qu'on voulait enrichir et rendre puissants ; en veut-on une preuve?

L'ordonnance de 1629 (Code Michaud), dans son article 125 (1) défendait que les substitutions pussent avoir lieu « aux testaments des personnes rus-« tiques qui, vraisemblablement, n'entendent ni la « nature, ni l'effet des substitutions, ni des fidéi-« commis (2). »

---

1. Isambert, t. 16, p. 262.

2. A ces motifs tirés de l'article 125 de l'ordonnance : « L'on peut « ajouter, ainsi que le déclare Vaquier, page 518, que le principal objet « des substitutions étant la conservation des maisons considérables, « on les avilit, on les dégrade, on les fait dégénérer en une espèce de « roture, quand on permet l'usage aux rustiques de ce qui devait « être réservé aux familles nobles ou vivant noblement. » Dans le

En fait, cette disposition de l'ordonnance, enve-
loppée dans la disgrâce de son auteur, ne fut pas
appliquée, sinon en Bourgogne où les Parlements
de Dijon et de Besançon en firent usage jusqu'en 1747
(où toute distinction fut supprimée par l'article 1ᵉʳ
de l'ordonnance de 1747).

La pratique des substitutions se rattachait donc de
très près au régime politique, qui se maintint en
France jusqu'à la Révolution. Toutefois ces fidéicommis, selon l'expression des jurisconsultes de cette
époque (1), n'étaient soumis à aucune limitation, ni
au point de vue des degrés, ni au point de vue de la
publicité : aussi ne tarda-t-on pas à s'apercevoir des
inconvénients d'une aussi grande liberté. Le testateur ne pouvait régler d'une façon utile la dévolution
de ses biens pendant plusieurs centaines d'années ;
enfin il n'était pas raisonnable de priver plusieurs
générations de l'usage du testament et de les obliger
à suivre un ordre successoral établi par un testateur,
dont elles avaient perdu tout souvenir. La non publi-

---

même ouvrage (*Questions concernant les substitutions avec les répon
ses de tous les parlements*), Vaquier examine longuement dans sa
question 3 (page 39), si l'on doit faire une loi générale de cette disposition de l'ordonnance de 1629, qui défend aux personnes rustiques
de faire des substitutions. Il soutient l'affirmative : « Si on réfléchit,
« dit-il, sur les principes et sur les motifs des substitutions, ils ne
« paraissent avoir aucune application aux rustiques, on peut dire
« même qu'il est dangereux de les introduire en leur faveur, parce
« que ni lui ni les notaires qui passent les actes entre rustiques, n'en
« sentent pas assez les conséquences. »

1. Thévenot, nᵒ 31.

cité des substitutions ne présentait pas un moins grand nombre d'inconvénients. Pendant toute la féodalité, on s'était fort peu préoccupé des droits des tiers, le petit nombre de transactions, l'absence de commerce auraient rendu toute réglementation inutile.

Mais à partir de la Renaissance, on s'aperçut du tort que faisaient aux créanciers des substitutions dont il leur était impossible de connaître l'existence ; en même temps on vit l'utilité qu'il y aurait à restreindre le nombre des appelés. La publicité et la limitation des degrés des substitutions furent l'objet de plusieurs ordonnances royales.

La première en date est du roi Henri II : l'édit de Saint-Germain-en-Laye (3 mai 1553) (1) vint à la suite de l'édit de Villers-Cotterets (août 1539), — ce dernier avait exigé la formalité de l'insinuation pour les donations, — le compléta en quelque sorte en exigeant la même formalité pour les substitutions, dans le but de garantir les droits des tiers et aussi ceux des héritiers, malheureusement il n'avait établi que des sanctions peu efficaces (2).

En 1560, l'ordonnance d'Orléans fut rendue sur les doléances des États Généraux par le chancelier Mi-

---

1. Isambert, vol. 13, p. 314.

2. Pour les testaments, il y avait un délai de trois mois pour faire l'inventaire, faute de quoi la substitution était absolument nulle ; mais pour les actes entre vifs la sanction faisait défaut, il n'y avait aucun délai pendant lequel l'insinuation devait être effectuée, la substitution non insinuée était inopposable aux tiers. L'édit resta sans exécution, car une pareille sanction était insuffisante pour cette époque.

chel de l'Hôpital pour régler les degrés des substitutions. Plusieurs fois auparavant les États Généraux avaient protesté contre la perpétuité des substitutions : c'était un abus évident. Son article 59 décide que toutes les substitutions, qui se feront dans l'avenir, ne pourront porter sur plus de deux degrés, l'institution non comprise : « Et pour couper la racine à plu-« sieurs procès qui se meuvent en matière de substi-« tutions, défendons à tous juges d'avoir aucun égard « aux substitutions qui se feront à l'avenir par tes-« tament et ordonnance de dernière volonté, ou entre « vifs, et par contrat de mariage, ou autres quelcon-« ques, outre et plus avant deux degrés de disposi-« tion, après l'institution et première disposition, « icelle non comprise (1). »

Cette disposition aurait dû couper court à toutes les contestations, il n'en fut rien ; les parlements, dans leur désir de contrecarrer le pouvoir royal, soulevèrent une foule de difficultés sur l'application de l'article 59. Fallait-il compter les degrés par têtes ou

---

1. Ordonnance du 28 janvier 1560. Isambert, tome 14, p. 80. Remarquons qu'il n'était pas question de l'intérêt général de la circulation des biens, ni de celui des tiers. Aussi est-il permis de se demander si ces idées demeurèrent étrangères au chancelier Michel l'Hospital ? Il est permis d'en douter, voyez ce qu'en dit Ricard dans son *Traité des substitutions*, partie I, n° 757. Consulter également Du Chalard, avocat au Grand Conseil, dans son *Sommaire-exposition des ordonnances du roi Charles IX*, qui, en commentant cet article 59, indique les motifs de l'ordonnance d'Orléans (le passage intéressant est rapporté dans la *Revue historique de droit français et étranger* (année 1863, p. 114) par Villequez).

par générations? Dans ce dernier cas, toutes les personnes d'une même génération auraient pu être
substituées les unes aux autres et n'auraient compté
que pour un seul degré. Mais la lacune réellement
importante provenait de ce que cette ordonnance ne
disposait que pour les substitutions à venir et lais-
sait intactes les substitutions antérieures. Elle fut
comblée par l'ordonnance de Moulins.

Dans l'article 57 (1) de l'ordonnance de Moulin de
1566, le chancelier Michel de l'Hôpital décida que
toutes les substitutions antérieures à 1566 seraient
limitées à quatre degrés outre l'institution, excepté
pour celles où le droit serait déjà échu et acquis à des
personnes vivantes. De plus elle compléta l'édit de
1553 en fixant un délai de six mois pour l'insinuation
des substitutions, faute de quoi elles étaient absolument nulles.

L'esprit de résistance des Parlements fit naître,
également au sujet de cette nouvelle ordonnance,
de multiples controverses (2) qui durèrent jusqu'en
1747.

---

1. Isambert, tome 14, p. 204.

2. Notons la plus intéressante: l'art. 57, en restreignant les substitutions à quatre degrés, ne s'appliquait évidemment qu'à celles qui
étaient antérieures à 1560 ; cependant plusieurs parlements prétendirent que la deuxième ordonnance aurait abrogé la première sur ce
point et que toutes les substitutions pourraient s'étendre à quatre
degrés. Le Parlement de Paris jusqu'en 1645, ceux de Bordeaux et
Toulouse jusqu'en 1747, admirent la validité à quatre degrés. Voyez
Ricard, *Tr. des substitutions*, 1ʳᵉ partie, n° 809 ; Henrys, *OEuvres*,
tome III, livre V, question 114, nᵒˢ 14, 15 et 19.

Il semblerait qu'il ne devait plus exister dès lors de substitutions perpétuelles, il n'en fut rien. Un édit de Marly de mai 1711 réglementait des substitutions perpétuelles. De tout temps, en effet, le roi pouvait établir par lettres patentes des substitutions (1), qu'il affranchissait des dispositions des ordonnances d'Orléans et de Moulins, et il le faisait même dans les pays où les fidéicommis étaient absolument prohibés comme en Bretagne (2).

Pour faire cesser les interprétations contradictoi-

1. Aussi le pouvoir royal dut-il intervenir à nouveau notamment pour l'enregistrement, la publication et la sanction du défaut de publicité. Voir Déclaration, 10 juillet 1566 (Isambert, t. 14, p. 213); Édit 17 novembre 1690 (Isambert, t. 20, p. 113); Ordonnance du 18 janvier 1712 (Isambert, t. 20, p. 572). D'autre part nous avons parlé plus haut de l'article 125 de l'ordonnance de 1629 concernant les substitutions.

2. *Répertoire Dalloz* au mot *Substitution*, sect. I, n° 9.

3. Isambert, t. 20, p. 565. Nous nous bornerons à citer l'article 6 « Permettons à ceux qui ont des duchés et pairies, d'en substituer « à perpétuité de chef-lieu avec une certaine partie, de leur revenu « jusqu'à 15.000 livres de rente... A l'effet de quoi dérogeons au sur- « plus à l'ordonnance d'Orléans et à celle de Moulins et à toutes au- « tres ordonnances, usages et coutumes qui pourraient être contraires « à la présente disposition. » Et l'article 10 : « Voulons et ordonnons « que ce qui est porté par le présent édit pour les ducs et pairs, ait « lieu pareillement pour les ducs non pairs en ce qui peut les regar- « der. »

Bretonnier, dans son *Traité des successions*, p. 369, cite des exem- ples de substitutions perpétuelles et à l'infini pour des terres autres que des duchés, et indique notamment celle qui existe dans « la mai- son de Chabannes-Curton pour la terre de Curton près de Bordeaux » et celle de « la maison de Mailly pour le marquisat de Nécle qui est « substitué à l'infini ».

res données à l'ordonnance de Moulins, le chancelier d'Aguesseau fit rendre à Louis XV, après avoir
fait une enquête auprès des Parlements (1), l'ordonnance d'août 1747. — il continuait ainsi son œuvre
de codification commencée avec celle de 1731 sur les
donations et celle de 1735 sur les testaments. — L'article 30 de cette nouvelle ordonnance décidait que,
conformément à l'ordonnance d'Orléans, toutes les
substitutions ne pussent s'étendre au delà de deux
degrés, l'institution non comprise (2). Son article 33,
reproduisant l'article 124 de l'ordonnance de 1629,
prescrivait de compter les degrés par têtes « et non
« par souches ou générations, de telle manière que
« chaque personne fût comptée pour un degré ».
Enfin dans son titre II, articles 18 et suivants, l'ordonnance rappelait la nécessité de l'insinuation et de
la publication des substitutions, formalité imposée
déjà par l'article 57 de l'ordonnance de Moulins et
par les déclarations du 10 juillet 1566 et du 17 novembre 1690.

Par là d'Aguesseau complétait et réformait toutes
les ordonnances antérieures : il n'a rien laissé de côté
et toutes les questions se rattachant à cette difficile
matière des substitutions ont reçu de lui la solution
la plus conforme aux besoins et aux usages de son
temps.

1. Cette enquête a été publiée ; voir Boissard, *Des substitutions*,
p. 165 et suiv., thèse Dijon, 1858.

2. Il y avait cependant quelques exceptions, art. 30, 31, 32 de l'ordonnance. Voir Furgole, *Commentaire de l'Ordonnance*, de 1747, p. 175
et s.

L'ordonnance de 1747 fut plus heureuse que ses devancières, les ordonnances de Moulins et d'Orléans, dont l'application avait soulevé tant de difficultés et rencontré tant de résistances. Elle fut observée dans toute la partie de la France, où d'Aguesseau avait voulu la rendre exécutoire. Seul, le Parlement de Provence, dont le premier président Lebret aurait désiré la suppression des substitutions, refusa d'enregistrer l'ordonnance de 1747.

Les sages dispositions de cette ordonnance, qui venait combler les lacunes de la législation antérieure, auraient dû mettre fin aux critiques que soulevait la pratique journalière des substitutions et rendre vaines les attaques qui s'élevaient contre cette institution. Si on s'était borné jusque-là à protester contre certains inconvénients (1), que signalaient elles-mêmes les ordonnances d'Orléans et Moulins, on

Parmi ces inconvénients qui frappèrent de bonne heure nos anciens jurisconsultes, il faut mentionner notamment la multiplicité des procès que fait naître cette institution et la ruine du crédit (due surtout à la publicité tout à fait insuffisante de cette époque).

Aussi voyons-nous Savary (*Le parfait négociant*, édition de l'an VIII, t. I, p 314) donner le conseil suivant : « La première chose à observer quand on vend à crédit est de savoir s'il y a sûreté de prêter « aux personnes qui demandent de la marchandise pour la payer plus « tard, comme font ordinairement les princes, les grands seigneurs, « la noblesse et autres personnes qui sont dans les grandes charges. « Cette sûreté consiste à savoir si leurs maisons ne sont pas trop « chargées de dettes, si leurs biens ne sont point substitués... Car il « est vrai de dire que la plupart des faillites que font les marchands « en détail viennent de ce qu'ils se sont insensiblement engagés à « prêter à des personnes noyées de dettes et dont les biens étaient n'avait jamais eu l'idée de contester l'utilité des substitutions.

Cependant on voit déjà se dessiner à l'époque de l'ordonnance de 1747 un mouvement de réaction contre le fidéicommis, qui se prolongea jusqu'à la Révolution.

Comme on vient de le voir, le premier président du Parlement d'Aix était un adversaire résolu des substitutions. D'Aguesseau, qui ne partageait pas toutes les idées du président Lebret, reconnaissait néanmoins dans une lettre à ce dernier en date du 24 juin : « que l'abrogation entière de tous les fidéi-« commis serait peut-être, comme vous le pensez, la « meilleure de toutes les lois, et il pourrait y avoir « des moyens plus simples pour conserver dans les

« substitués ; ainsi ils ne peuvent être payés de leur dû, c'est ce qui « cause leur désordre. »

Coquille dans son *Traité de la coutume du Nivernais*, ch. 33, article 10, voyait de grands inconvénients à ce que : « la propriété des « choses demeure à toujours incertaine et en suspens ; car celui qui « a une chevance substituée n'est pas maître seigneur de son bien... » et à ce que « les créanciers ou gendres ne soient fraudés quand ils « voient un père de famille jouissant de grands biens venus de ses « père et aïeul, et ne savent pas ces substitutions: l'événement des-« quels fait quelquefois l'hérédité coquine de celui que l'on pensait « être bien riche. »

Ricard constate, lui aussi: « que ces sortes de dispositions faisaient « naître une infinité de différends qui troublaient le repos des familles. « et que sous prétexte d'y conserver du bien par des substitutions « graduelles et perpétuelles, elles en causaient souvent la ruine par « des procès que l'obscurité du temps et la multiplicité des questions, « aussi bien que des parties, rendaient immortels. » *Des substitutions directes fidéicommissaires*, t. II, n° 757.

« grandes maisons ce qui suffirait à en soutenir l'éclat.
« Mais j'ai peur que pour y parvenir, surtout dans
« les pays de droit écrit (1), il ne fallût commencer
« par réformer les têtes et ce serait l'entreprise d'une
« tête, qui aurait elle-même besoin de réforme. C'est
« en vérité un grand malheur qu'il faille que la va-
« nité des hommes (2) domine sur les lois elles-mê-
« mes (3). »

Cette opinion n'est pas, du reste, isolée, nous
voyons un peu plus tard se poser la même question
et y répondre en des termes analogues : « L'on peut
« douter s'il ne serait pas plus avantageux au corps
« de l'État d'abroger totalement les substitutions, ou
« du moins les fidéicommis, qui ne peuvent être
« avantageux qu'aux particuliers qu'ils concernent,
« et qui ne peuvent même leur profiter qu'au préju-

1. Henrys, dans ses *OEuvres*, t. III, p. 542, question 114, n° 16, montre quelles étaient les tendances respectives des pays coutumiers et
des pays de droit écrit : « Sçavoir, dit-il, s'il est expédient de res-
« treindre ou d'étendre les degrés des substitutions. Si l'on consulte
« l'inclination des pays coutumiers, ils diront qu'il faut les restrein-
« dre parce qu'elles produisent un nombre infini de procès par leur
« longue durée et que ç'a été le motif de l'ordonnance d'Orléans. Si,
« au contraire, l'on consulte les mœurs des peuples du droit écrit, ils
« seront d'avis de les étendre, comme un moyen de soutenir les mai-
« sons et perpétuer les familles. »

2. Comparer cette parole de Montaigne. (*Essais*, livre 2, ch. 8) : « Nous
« prenons un peu trop à cœur ces substitutions masculines et propo-
« sons une éternité ridicule à nos noms. »

3. *Correspondance officielle du chancelier d'Aguesseau*, lettre du
24 juin 1730, n° 360, tome IX, p. 506, édition de 1776 des *OEuvres de
d'Aguesseau*.

« dice d'un grand nombre de citoyens. Ils servent à
« conserver les biens d'une famille, mais ce n'est
« qu'en faisant perdre aux créanciers de cette même
« famille, ce qu'ils lui ont prêté de bonne foi. Rien
« en soi n'est plus injuste, et comme il est fort in-
« différent à l'Etat que cette famille soit conservée
« dans ses biens, il semble qu'aucune raison géné-
« rale ne doit faire entretenir les substitutions ima-
« ginées, par des Payens follement entêtés de la
« durée de leurs noms, sans prendre garde qu'une
« banqueroute qui se fait à chaque génération, la
« déshonore essentiellement (1). »

Enfin à la veille de la Révolution — nous nous ex-
cusons d'abuser des citations à la fin de ce chapitre,
mais nous estimons que le meilleur moyen de montrer ce mouvement de réaction contre les substitutions, est de reproduire le langage même de ses partisans — le chancelier Maupeou fait dans son mémoire
adressé à Louis XVI en 1789 cette déclaration importante : « S'il m'eût été permis de porter, dit-il
« en parlant de la nécessité de codifier les lois, dans
« cette grande opération l'influence de mes vues par-
« ticulières, j'eusse désiré d'anéantir les testaments
« et les substitutions, deux sources de procès et d'a-
« bus qui nourrissent les haines, mettent les volon-
« tés de l'homme à la place des lois, sèment la dé-

---

1. Vaquier, *Questions concernant les substitutions*, édit. 1770. *Questions préliminaires*, page 1 ; de même pages 14 et 15 où sont rappor-
tées les observations de d'Aguesseau.

« fiance et dépravent la morale publique (1). »

Remarquons que ces motifs sont précisément ceux dont se prévaudront, en 1803, les rédacteurs du Code pour demander la prohibition des substitutions fidéi-commissaires.

Parmi les philosophes du xviii° siècle Montesquieu ne se montre pas non plus partisan des substitutions ; elles sont bonnes, à son avis, pour la noblesse, mais il n'est pas nécessaire d'en donner l'usage au peuple (2).

Nous sommes ainsi arrivés à la veille de la Révolution, mais avant d'examiner quelle fut son œuvre en ce qui concerne notre institution, qu'on nous permette de résumer, par ce passage de Bourjon, le rôle que joua la substitution dans notre ancien droit : « Elle s'est introduite en flattant l'homme de la per-
« pétuité de sa mémoire, en lui donnant une espèce
« d'empire sur plusieurs générations successives ;
« par là il s'est formé comme un nouveau genre de
« succession où la volonté de l'homme a pris la place
« de la disposition de la loi : volonté souvent plus
« politique que judiciaire, plus nuisible que salu-
« taire, et presque toujours incertaine dans sa fin et
« dans son objet (3). »

1. *Le Chancelier Maupeou et les Parlements*, par Flammermont. Paris, 1884, page 618.

2. Montesquieu, *Esprit des lois*, t. V, ch. IX.

3. Bourjon, *Droit commun de la France*, 1770, tome II, p. 154.

CHAPITRE II

Droit intermédiaire

Le principal motif qui a fait supprimer les fidéicommis en 1789, c'était le désir de nuire à la noblesse, en empêchant de conserver et de transmettre ses biens intacts pendant plusieurs générations, sans que des ventes ou de folles prodigalités vinssent les diminuer. Puisque l'Assemblée Nationale avait pendant la nuit du 4 août supprimé tous les privilèges de la noblesse, il ne fallait pas permettre à cette dernière de reconquérir au moyen des substitutions l'importance qu'on voulait lui enlever.

Faisons remarquer tout d'abord que les cahiers des Etats généraux de 1789 ne renfermaient pas de vœux relatifs à l'abolition des substitutions : cela ne doit pas nous étonner, puisque au lieu de demander la simple réforme du droit successoral ou testamentaire, ils demandaient la révision entière des lois civiles.

Des trois grands principes qui formèrent la devise de la Révolution, il en est un dont le triomphe a été poursuivi avec une véritable passion : c'est l'égalité, non pas seulement l'égalité devant la loi, mais l'éga-

lité dans les rangs et les fortunes. Ce principe servit
à la Révolution pour désagréger tout ce qui pouvait
lui résister. Nous n'avons ici qu'à rappeler brièvement comment la Révolution appliqua son principe
d'égalité à la transmission des biens dans la famille
et plus spécialement aux substitutions.

Le 25 février 1790 la Constituante abolit la succession aux biens nobles, mais elle laissa d'ailleurs
subsister la succession ordinaire et le pouvoir de disposer, sur lesquels on se proposait de statuer par
une loi spéciale.

Toutefois, Mirabeau souleva dès le 21 novembre
1790, au sujet d'une proposition présentée par Merlin sur une affaire de portée assez restreinte, la question de l'égalité du partage et de la suppression des
substitutions : « Le projet qui vient de vous être
« présenté tend à faire disparaître les inégalités résul-
« tant de la loi. Mais ne faut-il pas faire marcher d'un
« pas égal les inégalités résultant de la volonté, je
« veux dire les inégalités que les substitutions ont
« rivées dans la société? C'est le seul moyen de por-
« ter la hache au pied de l'arbre, dont on élague seu-
« lement quelques branches parasites, en y laissant
« les racines voraces. Je demande que le comité nous
« présente un travail sur les substitutions (1). »

La liberté de tester elle-même était donc mise en
question par cette proposition et le débat sur les
substitutions ne fut plus qu'un épisode de la lutte

---

1. *Moniteur Universel*, 22 novembre 1790.

parlementaire (1), qui s'engagea sur le droit de tester
et qui se termina dans la séance du 6 avril 1791 (2)
où l'Assemblée vota l'ajournement des deux projets :
celui des successions et celui des substitutions.

Les événements politiques, qui se déroulèrent à
cette époque, retardèrent longtemps l'examen de ces
projets. On n'avait pas encore commencé celui des
lois sur les successions, quand, le 25 août 1792, le
député Lacroix demanda à l'Assemblée Législative
que l'on votât avant tout le principe de l'abolition
des substitutions (3) ; il fut, en effet, voté séance
tenante, mais une loi n'en devait pas moins régler les
conditions de cette abolition. L'Assemblée priait en
même temps son comité de législation de lui faire
sans tarder un rapport sur le règlement des substitutions existantes.

Le 28 août 1792, Veirieu déposait au nom du comité un projet de décret sur l'abolition des substitutions, le rapport est très bref : « L'Assemblée Natio-
« nale : considérant que l'origine des fidéicommis
« est odieuse ; qu'ils sont les plus funestes de tous les
« fléaux dans les fortunes particulières ; qu'ils allu-
« ment les haines et jettent la désolation dans les

1. Voir l'exposé des divers projets dans la thèse de M. Martin
Saint-Léon. Paris, 1886, p. 465 à 472.

2. Dans cette séance, le deputé Malès s'exprimait en ces termes :
« Il n'est pas possible que dans une constitution libre on laisse sub-
« sister le monstre des substitutions. » *Archives parlementaires*,
1ᵉ série, vol. 24, p. 601.

3. *Archives parlementaires*, 1ʳᵉ série, vol. 48, p. 712.

« familles, où ils sont la source de mille procès
« ruineux ; qu'ils servent à établir une monstrueuse
« inégalité des richesses ; que leur conservation est
« incompatible avec les principes sacrés de la liberté
« et de l'égalité, et que la haine politique en réclame
« la plus active proscription (1). » L'Assemblée en
ajourna la discussion (2).

Ce fut la Convention qui réalisa la réforme après
avoir entendu le rapport de Laplaigne, se terminant
ainsi (3): « Sous un régime vraiment républicain et

1. *Archives parlementaires*, 1ʳᵉ série, vol. 49, p. 55.

2. Ce projet revint en deuxième lecture le 8 septembre 1792 et enfin
en troisième lecture le 10 septembre 1792. Voir le compte rendu de
ces séances à l'Assemblée Nationale dans les *Archives parlementaires*, vol. 49, et comparer le projet proposé par Lesueur.

3. Séance du 19 octobre 1792 à la Convention Nationale. *Archives
parlementaires*, 1ʳᵉ série, vol. 52, p. 573. Ce rapport de Laplaigne
sur un projet de décret concernant les substitutions montre bien les
raisons de leur proscription : « Pénétrés de ces motifs et bien con-
« vaincus d'ailleurs que, dans le citoyen, la faculté de prolonger ses
« volontés non seulement au delà du terme de sa vie, mais même
« pendant des siècles et de donner ainsi des lois aux générations fu-
« tures n'est pas une conséquence du droit sacré de propriété qu'il
« tient de la première convention sociale et conséquemment que la
« loi peut le priver de cette faculté, sans blesser aucun de ses droits
« naturels et imprescriptibles, vous avez jugé, messieurs, qu'il était
« instant de purger le Code d'un peuple libre du système des substitu-
« tions, reste impur des lois féodales et vous avez ordonné... »
Et plus loin : « Les substitutions directes comme la vulgaire, la
« pupillaire et l'exemplaire ayant aussi que les fidéicommis, pour objet
« principal d'empêcher la division des héritages, si favorable, si né-
« cessaire même à la liberté et de perpétuer ainsi de degré en degré,
« le despotisme des propriétés et par conséquent celui des personnes
« doivent être enveloppées dans les mêmes proscriptions. »

« dans un pays qui abhorre toute espèce d'aristocra-
« tie et de despotisme, dans une organisation sociale,
« en un mot, absolument fondée sur l'égalité, l'usage
« de pareilles dispositions serait encore une mons-
« tuosité politique, par là même qu'il perpétuerait,
« avec l'inégalité des partages dans les familles,
« l'aristocratie des propriétés et cumulerait pendant
« plusieurs générations sur des têtes privilégiées des
« fortunes capables d'alarmer la liberté publique. »

Le décret-loi du 14 novembre 1792 prohibait, dans
son article 1er, toutes les substitutions pour l'avenir.
Son article 2 annulait toutes celles qui, faites antérieurement, n'étaient pas encore ouvertes à l'époque
de sa publication et consolidait ainsi la propriété
des biens substitués entre les mains des grevés. Enfin
son article 3 décidait que les substitutions ouvertes
lors de sa publication n'auraient effet qu'en faveur de
ceux qui auraient alors recueilli les biens substitués,
ou le droit de les réclamer.

Il est à remarquer que cette loi n'annulait que la
substitution, c'est-à-dire la charge de rendre, mais
non l'institution, c'est-à-dire la disposition faite avec
cette charge. Le Code civil devait aller plus loin,
ainsi que nous l'avons déjà vu, il annule tout: l'institution et la substitution.

Les substitutions étaient devenues tellement odieuses aux hommes de cette époque que le décret du
22 ventôse an II (12 mars 1794) les fit rentrer dans
la disposition de l'article Ier de la loi du 17 nivôse
an II (6 janvier 1794) pour donner ainsi à l'abolition

des substitutions un effet rétroactif au 14 juillet 1789.
Mais cette rétroactivité ne subsista pas et fut abolie
par les décrets du 9 fructidor an II (26 août 1794)
et du 3 vendémiaire an IV (25 septembre 1795).

De graves reproches sont à faire à ces lois, surtout
à celle du 14 novembre 1792 (art. 2) et à celle du
22 ventôse an II, qui sans respect pour les droits acquis anéantissaient les substitutions même dans le
passé : il suffisait pourtant de s'en tenir au décret
du 25 août 1792, les fidéicommis se seraient éteints
d'eux-mêmes au bout de quelques années, et il n'était
pas nécessaire de porter atteinte à des droits acquis,
en permettant au grevé de s'approprier des droits
qu'il devait rendre aux appelés. Mais la Convention
ne connaissait pas de demi-mesures ; dans son désir
d'abattre la féodalité, elle supprima toutes les institutions de l'ancien régime, les substitutions furent
donc sacrifiées, malgré les services qu'elles avaient
rendus, non seulement à l'aristocratie, mais encore à
toute la population rurale de l'ancienne France.

Si nous parcourons les vœux, les projets de loi
émis à cette époque nous voyons quelquefois reprocher aux substitutions certains inconvénients (1) que

1. Notamment, Laplaigne commence son rapport en ces termes :
« Je me bornerai à vous rappeler : 1° que l'usage des transmissions des
« biens connues sous le nom de substitutions a été dans tous les temps
« un véritable fléau pour la société ; que ses inconvénients les moins
« contestés sous le régime même du despotisme étaient d'engendrer
« un tas de discussions et de procès interminables, de rendre diffici-
« les et embarrassantes les transactions civiles, de gêner la liberté du

Bigot Préameneu devait reprendre plus tard pour justifier leur prohibition dans le Code civil. Mais les véritables motifs de leur suppression à l'époque révolutionnaire résident bien, comme nous espérons l'avoir démontré, dans les haines politiques du moment, et aussi dans ce fait, déjà mis en lumière par le préambule de l'ordonnance de 1747, qu'il s'établissait ainsi un nouveau genre de succession, dans lequel la volonté de l'homme prenait la place de la loi (1). Le but de la loi de 1792 a été « d'as-« surer entre les cohéritiers, dit M. Lambert, cette « égalité parfaite, qui a été l'idéal du droit révolu-« tionnaire, en empêchant les testateurs d'établir « des différences entre les héritiers de leurs gra-« tifiés (2). »

« commerce, de faire écore enfin une multitude de fraudes qui en-« traînaient la ruine de beaucoup de créanciers ou d'acquéreurs de « bonne foi; 2o que sous un régime... »

Archives Parlementaires, 1ʳᵉ série, vol. 52, p. 573.

1. Aux textes déjà cités ajouter le rapport du comité de législation de la Convention Nationale, concernant diverses questions relatives à la loi du 17 nivose an II. Dans l'article 52, on réclame l'abolition des substitutions (avec effet rétroactif) « pour faire cesser une indis-« ponibilité aristocratique funeste d'ailleurs au commerce... » et on déclare en parlant de la loi du 14 novembre 1792 « que cette loi qui « ne dut son existence qu'à des considérations politiques, n'a rien de « commun avec celle du 17 nivose. » Voir à ce sujet Guichard, *Code des successions, donations, substitutions et testaments*, an VII, tome I, p. 179.

2. Lambert, *De l'exhérédation*, nᶜ 788.

CHAPITRE III

Le Code civil.

Les substitutions auraient dû trouver place dans le Code civil : le droit pour un testateur d'assurer la conservation de ses biens, en les substituant, ne blessait aucune des idées nouvelles. Il semble donc que le législateur de 1804 aurait dû autoriser les fidéicommis en les entourant de sages restrictions et en les soumettant à la publicité, comme l'avait fait l'ordonnance de 1747 : il n'en fut rien cependant.

Dans le discours préliminaire prononcé lors de la présentation du projet du Code civil élaboré par la Commission du Gouvernement (1), nous trouvons la phrase suivante, qui indique bien quelle était l'opinion des législateurs de cette époque : « Sans doute, « on a bien fait, pour la liberté de la circulation et « pour le bien de l'agriculture, de proscrire ces sub- « stitutions absurdes qui subordonnent les intérêts « du peuple vivant aux caprices du peuple mort, et « dans lesquelles, par la volonté de la génération, « qui n'est plus, la génération, qui est, se trouve « constamment sacrifiée à celle qui n'est point en-

1. Fenet, I, p. 521.

« core. Il est prudent de soumettre à des règles la
« faculté de tester et de lui donner des bornes. »

Aussi ne doit-on pas s'étonner de ne voir, lors de
la discussion au Conseil d'État de l'article 4 du titre
des successions, aucun orateur pour proposer le rétablissement des anciennes substitutions.

On se demanda seulement si dans les limites de la
portion disponible, un père ne pourrait pas substituer à son fils tous les enfants de ce dernier et si
un oncle ne pourrait pas également substituer tous
ses neveux à son frère (art. 1048, 1049, 1050).

De semblables dispositions limitées à un degré et
dépouillées du privilège du droit d'aînesse ne res-
semblaient plus au fidéicommis de l'ancien régime.
Elles n'avaient plus pour but de maintenir ce qu'on
appelait les grandes familles, de perpétuer dans les
aînés l'éclat d'un grand nom : elles n'étaient plus
qu'une mesure de prévoyance.

Bigot Préameneu et Jaubert, après avoir formellement condamné les substitutions fidéicommissaires,
firent voter le texte définitif de notre article 896 prohibant les substitutions. Les motifs principaux, qui
ont fait prononcer la nullité des substitutions, se trouvent condensés, d'une façon remarquable, dans l'exposé des motifs présenté par Bigot Préameneu au
Corps législatif dans la séance du 2 floréal an XI
(22 avril 1803) (1). Qu'on se reporte à ce document

---

1. De même, dans la discussion qui eut lieu dans la séance du Conseil d'État du 14 pluviôse an XI (3 février 1803) rapportée éga'ement
ans Locré, t. XI.

et l'on y verra quelle importance les rédacteurs du Code attachaient à l'interdiction des substitutions : « Parmi les règles communes à tous les genres de « dispositions et que l'on a placées en tête de la loi, « la plus importante est celle qui confirme l'aboli- « tion des substitutions fidéicommissaires. »

Tout d'abord, à leur avis, les substitutions nui- saient à la famille et présentaient de sérieux incon- vénients d'ordre moral. N'engendrent-elles pas des inégalités et ne soulèvent-elles pas des difficultés dans les rapports des membres de la même famille : « Les substitutions ne conservaient les mêmes biens « dans une famille, qu'en sacrifiant tous ses mem- « bres pour réserver à un seul tout l'éclat de la for- « tune ; une pareille répartition ne pouvait être « établie qu'en étouffant tous les sentiments de cette « affection, qui est la première base d'une juste « transmission des biens entre les parents ; il ne « saurait y avoir un plus grand vice dans l'organi- « sation d'une famille que celui de tenir dans le « néant tous ses membres, pour donner à un seul « une grande existence, de réduire ceux que la na- « ture a faits gaux, à implorer les secours et la bien- « faisance du possesseur d'un patrimoine qui devait « être commun (1). »

1. Locré, XI, p. 361. De même, p. 112 : « C'est une branche que l'on « préfère à l'autre, c'est un seul qui dans chaque branche écarte tous « ses proches. Il n'est pas possible de concevoir que la famille entière « soit déshéritée pour enrichir l'un de ses membres et que ce ne soit « pas pour elle une cause de ruine et de dissension plutôt qu'un « moyen de prospérité. »

Ces arguments tirés de l'égalité entre les enfants, s'adressent principalement au droit d'aînesse, ils ne visent pas uniquement les substitutions, ils atteignent également le droit de tester lui-même, puisqu'un testateur peut créer un privilège au profit d'un de ses enfants en lui léguant la quotité disponible et l'avantager ainsi au préjudice des autres. Ce reproche n'est pas spécial aux substitutions, toutefois c'est dans cette institution qu'apparaît le plus cette inégalité entre cohéritiers : cela a paru suffisant à cette époque pour établir leur prohibition.

Nous laissons de côté les objections purement morales tirées de la concorde dans les familles et des jalousies excitées par les préférences du père pour l'un de ses enfants; si ces raisons étaient admises la logique demanderait qu'on revienne à la loi radicale de brumaire an II, ou au décret du 11 mars 1793 (1). D'ailleurs, ne peut-on voir par une observation quotidienne ce que deviennent l'union et la concorde entre parents quand il n'y a pas de maison paternelle, de chef plus riche et plus écouté pour servir de conseil et de soutien?

Au point de vue de la famille, la substitution pré-

---

1. Ce décret était ainsi conçu : « La faculté de disposer de ses biens, « soit à cause de mort, soit entre vifs, soit par donation contrac- « tuelle en ligne directe est abolie; en conséquence tous les descen- « dants auront un droit égal sur le partage des biens de leurs ascen- « dants. » Comparez avec l'article 3 du premier projet du Code civil de Cambacérès (9 août 1793) : « Il n'y a plus ni testament, ni legs, ni « codicille, ni aucune autre manière de disposer. »

sente un inconvénient beaucoup plus grave : « Il est
« certain que ce n'est plus un simple acte de trans-
« port de propriété, c'est un ordre établi entre les
« personnes que le donateur appelle pour se succé-
« der les unes aux autres, c'est constituer pour les
« générations futures l'état et l'organisation de la
« famille; c'est faire un acte de législation plutôt
« qu'exercer un droit privé (1). »

On ne peut nier l'importance de cette considération : toutefois par suite du droit de réserve, le
patrimoine d'une personne ne sera jamais dans son
intégralité en état d'indisponibilité, le grevé pourra
disposer d'une partie de ses biens — composant sa
réserve dans la succession du substituant — le fidéicommis ne portera que sur la quotité disponible,
son objet n'aura été que de soustraire une fraction
du patrimoine à ses prodigalités. Si le grevé n'est pas
un héritier réservataire, l'argument reprend toute sa
force puisque c'est la libéralité tout entière qui est
frappée d'indisponibilité entre les mains du grevé.

A ces inconvénients d'ordre moral, viennent s'en
ajouter d'autres, d'ordre économique : les substitutions
nuisent à la société tout entière.

Nous retrouverons en premier lieu le reproche
(qu'on leur adressait déjà dans l'ancien droit) de nuire
aux tiers et d'être la source de fraudes nombreuses :
« Ceux qui étaient déjà chargés des dépouilles de
« leurs familles avaient la mauvaise foi d'abuser des

1. Locré, t. XI, p. 112.

« substitutions pour dépouiller aussi les créanciers ;
« une grande dépense faisait présumer de grandes ri-
« chesses : le créancier qui n'était à portée de vérifier
« les titres de propriété de son débiteur, ou qui né-
« gligeait de faire cette perquisition, était victime de
« sa confiance, et dans les familles auxquelles les
« substitutions conservaient les plus grandes masses
« de fortune, chaque génération était le plus souvent
« marquée par une honteuse faillite (1). »

Reproche fondé si les fidéicommis étaient secrets
comme dans le droit romain. Mais avec le système
de publicité établi par l'ordonnance de 1747 et reproduit par le Code lui-même pour les substitutions permises, les créanciers ne peuvent s'en prendre qu'à
eux-mêmes, s'ils négligent de mettre à profit les
moyens de se renseigner fournis par la loi. On ne
saurait donc reprocher aux substitutions un inconvénient qui leur est commun avec toutes les institutions soumises à la publicité.

Signalons de même, sans nous y arrêter, un autre
grief, qui fut adressé aux substitutions : celui d'engendrer une foule de procès : « L'expérience a prouvé
« que cette institution, n'ayant pour but que d'enri-
« chir l'un de ses membres en dépouillant les autres,
« était un germe toujours renaissant de discorde et

---

1. Locré, XI, p. 360. A rapprocher cette phrase de Cretet, p. 97 :
« Une substitution est un piège tendu à la confiance publique, car
« elle donne au grevé une apparence de propriété qui porte à lui ac-
« corder du crédit. »

« de procès (1). » Il est inutile d'insister sur ce reproche, qui pourrait être adressé à beaucoup d'autres institutions du Code civil et qui ne peut suffire
pour réclamer leur suppression.

L'argument qui semble avoir été le plus favorablement accueilli, dans l'ordre économique, est celui-ci : la mise hors de commerce résultant de l'inaliénabilité est considérée généralement comme un
obstacle à la bonne administration des biens, comme
un inconvénient pour la circulation de la richesse :
« Chaque grevé de substitution n'étant qu'un simple
« usufruitier avait un intérêt contraire à celui de
« toute amélioration ; ses efforts tendaient à multi-
« plier et à anticiper les produits qu'il pourrait reti-
« rer des biens substitués au préjudice de ceux qui
« seraient appelés après lui, et qui chercheraient à
« leur tour une indemnité dans de nouvelles dégra-
« dations (2). »

A notre avis, on comprend assez difficilement pour
peu que l'on y réfléchisse, en quoi le grevé de substitution peut avoir un intérêt contraire à celui de
toute amélioration. Qu'on le considère comme un
propriétaire soumis à la condition résolutoire de son
décès ou comme un usufruitier, n'est-il pas le pre-

---

1. Locré, *ibid.*, p. 359. Également, p. 113 : « On ne saurait passer
« sous silence les troubles dont les familles étaient agitées. Les for-
« mes judiciaires et les procès se multipliaient à l'infini sur la con-
« servation des biens substitués, sur l'interprétation des actes de sub-
« stitution... »

2. Locré, *ibid.*, p. 359 et 114

mier intéressé à assurer la bonne administration des biens qu'il détient et dont le produit lui appartient? A la rigueur, si son droit était un véritable droit *ad tempus*, c'est-à-dire devant cesser fatalement à une échéance déterminée et prévue, au cours de son existence, on comprendrait qu'il n'eût pas d'intérêt à l'amélioration, ni même à la conservation des biens, et que son grand désir soit au contraire d'épuiser par une surproduction hâtive les fonds sur lesquels il n'a qu'une jouissance précaire : mais il n'en est pas ainsi puisque le grevé conserve les biens jusqu'à son décès, son droit sur les biens grevés s'éteint en même temps que ses droits de propriétaire sur ses biens lui appartenant en pleine propriété.

Cet argument prouverait trop, si on l'admettait : en effet, pourquoi a-t-on admis l'usufruit dans nos lois, puisque les dégradations sont aussi bien à attendre de l'usufruitier que d'un grevé de substitution? Encore ce dernier aura-t-il de plus grands ménagements dans l'administration de ses biens puisqu'ils doivent revenir après sa mort à ses enfants. Il a également l'espérance de voir un jour la propriété consolidée sur sa tête s'il survit aux appelés.

De plus, en pratique, l'inaliénabilité des biens substitués constitue une mesure de protection à l'égard du grevé, qui a besoin d'être défendu contre ses entraînements, elle se trouve stipulée souvent aussi bien dans l'intérêt propre du grevé que dans celui des appelés. Cette inaliénabilité n'est nullement incompatible avec la bonne administration d'un bien à n'envisager que ses effets dans l'ordre privé.

Les raisons invoquées par les rédacteurs du Code, et que nous venons d'indiquer, sont loin d'être péremptoires : les partisans des substitutions les avaient réfutées facilement et si elles avaient été mises alors en avant c'est qu'on ne voulait pas avouer le véritable motif.

Quel est donc ce motif qui nécessitait la prohibition si rigoureuse édictée par l'article 896 ?

La réponse peut se trouver dans les discussions mêmes du Conseil d'État : dans la séance du 14 pluviôse an XI (3 février 1803), un des membres les plus influents du Conseil, Réal, en parlant de la substitution fidéicommissaire, s'exprimait en ces termes : « Elle est d'autant plus dangereuse que certaines « personnes, qui n'oublient point et qui veulent tou- « jours espérer, se serviront de cette institution pour « prolonger entre elles des illusions dont l'effet, quel- « que léger qu'il soit, est toujours de contrarier d'au- « tant l'établissement d'une parfaite et universelle « tranquillité (1). »

Le sens de ces paroles s'éclaire singulièrement si on les rapproche de celles que le conseiller d'État, Boulay, faisait entendre sans soulever aucune protestation dans cette même séance du 14 pluviôse : « A « l'égard de la substitution, telle qu'on la connais- « sait dans l'ancien régime, il est pour la repousser,

1. Fenet, t. XII, p. 291 ; Locré, XI, p. 126 et 127, *Archives parle- mentaires*, vol. 7, p. 433, série 1800-1860.

« des motifs peut-être plus puissants que ceux pré-
« sentés par la section (de législation). On ne peut
« se dissimuler que les substitutions n'aient été ima-
« ginées pour conserver aux grandes familles leur
« éclat. C'est sous ce rapport que Montesquieu dit
« qu'elles conviennent aux monarchies. Si ces famil-
« les étaient sincèrement attachées au gouvernement,
« il serait sans doute utile de leur donner les moyens
« de se conserver; elles seraient l'appui de l'État.
« Mais comme il n'est pas possible de se faire illu-
« sion à cet égard, et que les anciennes familles sont
« encore les grandes propriétaires de France, il
« semble qu'on ne doive admettre d'autre substitu-
« tion que celle qui devient pour le père un moyen
« de conserver sa famille et déposer son patrimoine
« dans la main de ses petits-enfants, lorsqu'il a de
« justes motifs de craindre qu'il ne soit dissipé par
« son fils (1). »

Ce motif est d'ordre politique ; les fidéicommis de
l'ancien régime avaient rendu de grands services à

1. Fenet, t. XII, p. 281; Locré, XI, p. 16 et 117; *Archives Parlementaires*, série 1800-1860, t. 7, p. 431.

De ce passage, on peut rapprocher les paroles suivantes de l'orateur du tribunat Favard, à la séance du Corps législatif du 13 floréal
an XI, qui laissent apercevoir également l'arrière-pensée des législateurs : « La loi qui règle l'usage des propriétés, ne peut pas, sans une
« rigueur, que la nature désavoue, ravir totalement ce droit (droit de
« disposer à sa mort de ses biens au gré de ses affections) au citoyen,
« mais elle ne peut pas, sans une indiscrétion impolitique, lui laisser
« une liberté indéfinie. »

Archives Parlementaires, série 1800-1860, vol. 5.

l'aristocratie, mais les grandes familles étaient suspectes de froideur pour le nouvel ordre de choses et
n'étaient nullement favorables au nouveau gouvernement. On voulut donc les punir de leur hostilité, en
ne leur permettant pas de sauvegarder leurs biens par
le procédé si facile des substitutions et en leur enle-
vant les moyens de se conserver (1).

Voilà la vraie raison de la prohibition des substitutions, la seule que confirment les faits de l'histoire.
Certes, le premier Consul, à la veille de relever un
trône, ne se souciait pas de le fonder sur le sable
mouvant d'une démocratie égalitaire, — il a tout tenté
pour se rallier l'ancienne aristocratie, et soit dans
ses écrits, soit dans les entretiens de l'exil, il n'a pas
caché le prix qu'il attachait à cette conquête. — Il ne
put obtenir ce concours, qu'il recherchait si ardem-
ment et c'est dans ce refus, qu'il pouvait pressentir
sûrement dès l'an XI, qu'il faut chercher l'explication
de l'article 896. Il n'hésita pas à sacrifier ces familles,
qui se tenaient à l'écart de sa puissance et sur lesquelles il ne pouvait compter pour fonder une nouvelle dynastie, quitte à fonder plus tard une nouvelle noblesse qui serait toute à lui.

Aucun doute ne peut exister à cet égard sur les intentions du premier Consul; il nous a dévoilé lui-même
ce plan, alors que, devenu empereur, il conseille au
roi Joseph de créer des duchés dans son royaume

1. Sécrétan, *Les droits de l'humanité*, p. 214, 215, 219. — Lambert,
loc. cit., n° 788.

des Deux-Siciles et l'engage à consolider sa puissance par l'adoption du Code civil.

Cette lettre (1) datée de Saint-Cloud le 5 juin 1806 doit être citée en entier : « Dites-moi les titres, que « vous voudriez donner aux duchés qui sont dans vo- « tre royaume. Ce ne sont que des titres ; le principal « est le bien qu'on y attache : il faudrait y affecter « deux cent mille livres de rente. J'ai exigé aussi que « les titulaires eussent une maison à Paris, parce que « c'est là qu'est le centre de tout le système ; et je « veux avoir à Paris cent fortunes toutes s'étant éle- « vées avec le trône, et restant seules considérables, « puisque ce sont des fidéicommis, et que ce qui ne « sera pas elles par l'effet du Code civil, va se dissé- « miner. Établissez le Code civil à Naples ; tout ce qui « ne vous est pas attaché va se détruire alors en peu « d'années, et ce que vous voudrez conserver se con- « solidera. Voilà le grand avantage du Code civil.

« Il faut établir le Code civil chez vous ; il conso- « lide votre puissance, puisque, par lui, tout ce qui « n'est fidéicommis tombe, et qu'il ne reste plus de « grandes maisons que celles que vous érigez en fiefs. « C'est ce qui m'a fait prêcher un Code civil et m'a « porté à l'établir. »

La création des majorats, deux ans après la pro- mulgation du Code, montre bien le but politique pour-

_____

1. Cette lettre est rapportée dans les *Mémoires et correspondance politique et militaire du roi Joseph*, de du Casse, Paris, 1853, tome II, p. 275.

suivi par le premier Consul en faisant proscrire les
fidéicommis. Les mêmes raisons, que nous avons étu-
diées à propos des substitutions, militaient avec plus de
force et cette fois avec raison contre l'établissement
des majorats. Napoléon cependant défendit les fidéicommis pour autoriser une institution bien plus contraire au droit commun : il est vrai que lui seul auto-
risait l'établissement des majorats et il put ainsi
s'entourer d'une noblesse favorable au nouveau régime, tandis que l'ancienne noblesse, soumise au
partage forcé (1) et privée des substitutions, qui lui
auraient permis de conserver ses biens, devait voir
bientôt sa richesse s'émietter et son importance politique disparaître (2).

Les propriétaires de la classe moyenne, les famil-

1. Certains auteurs vont jusqu'à prétendre que, dans l'esprit même
des rédacteurs du Code civil, la promulgation du titre des successions
a été surtout une mesure de circonstance, dictée par des motifs politiques et destinée à anéantir définitivement ce qui restait, au lendemain de la Révolution, des grandes maisons nobles. Voir Spronck, dans
la *Réforme sociale*, 16 mai 1899.

2. En Angleterre, ce procédé constitue une tradition de la politique anglaise, qui l'a appliqué méthodiquement à travers les siècles
aux peuples vaincus : ainsi en 1763 pour maintenir sous le joug l'Ir-
lande catholique, les Anglais n'ont rien trouvé de mieux que de lui
imposer l'obligation du partage forcé ; et lorsqu'en 1815 ils nous enle-
vèrent l'île Maurice, ils n'ont pas cherché d'autres moyens pour affaiblir les vieilles familles françaises, gardiennes jalouses de souvenirs
glorieux de leur patrie d'origine, que de leur imposer le maintien du
Code Napoléon en vigueur au moment de l'annexion. Comparer *Réforme sociale* du 16 mai 1899, p. 799, et *Réforme sociale* du 1er décembre 1903, p. 821.

les patriarcales des campagnes se trouvèrent sacri-
fiés, comme par surcroît aux vues politiques de Napoléon. Il le fit à regret, semble-t-il, en prévoyant les
suites funestes de cette atteinte portée à la stabilité
des familles ; aussi insista-t-il beaucoup — à s'en rapporter aux travaux préparatoires du Code (1) — pour
faire admettre les substitutions à un seul degré à
charge de rendre à tous les enfants, ne faisant du
moins que le mal qu'il jugeait nécessaire.

En résumé, abrogées en 1790 par égalitarisme révolutionnaire, les substitutions furent de nouveau
proscrites en 1803 par méfiance politique envers
l'ancienne aristocratie.

1. Notamment à la séance du Conseil d'État du 14 pluviôse an XI ;
Locré, XI, p. 127 et p. 129.

CHAPITRE IV

Après le Code

On aurait pu croire qu'après la rédaction du Code les anciennes idées aristocratiques ne se réveilleraient plus, et qu'il ne serait plus question désormais de la substitution ancienne : il n'en fut rien, et ces idées une fois encore devaient se réveiller.

En 1826, le gouvernement de la Restauration prit l'initiative d'un projet de loi tendant au rétablissement du droit d'aînesse et à l'abrogation de l'article 896. Le projet relatif au droit d'aînesse échoua, celui du rétablissement des substitutions (1) eut un sort plus heureux.

Le 26 mars 1826 commença, en effet, à la Chambre

---

1. Le principal motif de ce rétablissement était le relèvement de la noblesse, toutefois si on se reporte aux discours des différents orateurs, qui prirent la parole dans les débats de ce projet, soit à la Chambre des pairs, soit à la Chambre des députés, on voit qu'à cette époque on était déjà frappé des inconvénients du système du Code civil en matière de succession : par le partage forcé on avait voulu affaiblir l'aristocratie, mais c'est la petite propriété qui s'était trouvée plus rudement atteinte. On se plaignait déjà des dangers du morcellement de la propriété. Voyez notamment le discours de Montalembert dans le *Moniteur universel* des 1 et 12 avril 1826.

des pairs, la discussion du projet de loi tendant à abroger l'article 896 et à rétablir purement et simplement l'ancien fidéicommis. Cette discussion aboutit à une loi ainsi conçue : « Les biens dont il est per-« mis de disposer aux termes des articles 913, 915, « 916 du Code civil pourront être donnés en tout ou, « en partie par acte entre vifs ou testamentaire, avec, « la charge de les rendre à un ou plusieurs enfants « du donataire nés ou à naître jusqu'au deuxième « degré inclusivement. »

Malgré une certaine résistance (1), cette loi fut néanmoins votée par la Chambre des députés, dans sa séance du 12 mai 1826.

Il ne semble pas que les substitutions ainsi rétablies, telles qu'elles étaient en vigueur avant 1789, aient répondu à l'attente des rédacteurs de la loi de 1826. L'institution nouvelle servait les intérêts de la bourgeoisie plutôt que ceux de la noblesse et son impopularité s'augmenta encore en raison de ce que les inégalités qu'elle consacrait ne furent même plus justifiées par l'éclat du nom et des traditions. Au surplus, la nécessité de reconstituer une aristocratie pour soutenir la royauté de son influence, déjà contestable en 1826, n'était plus admissible sous un gouvernement démocratique. Aussi leur abolition ne rencontra-t-elle aucune opposition après la chute de la Monarchie de Juillet et une loi des 7 et 11 mai 1849 rétablit simplement l'article 896 du Code civil tout

---

1. Notamment Benjamin Constant, Girardin.

én conservant leurs effets aux substitutions dont les appelés étaient déjà nés ou conçus lors de sa promulgation.

La prohibition des substitutions (1) subsiste donc en définitive telle qu'elle existait en 1803 ; il n'y a d'exception à l'article 896 que pour les dispositions faites par les père et mère, par les frères et sœurs en faveur de leurs petits-enfants et de leurs neveux ,et nièces (art. 1048 et 1049).

Tel est donc actuellement l'état de la législation ; nous avons vu, d'autre part, les efforts qu'a faits la jurisprudence pour restreindre et même supprimer complètement le domaine d'application du seul texte qui concerne les substitutions fidéicommissaires : l'article 896.

Il nous reste maintenant à examiner la substitution fidéicommissaire à un autre point de vue : la substitution est-elle juste ? Ses effets sont-ils heureux ? Doit-on considérer son rôle comme terminé ? Ou peut-on chercher dans son rétablissement un remède à

---

1. On s'étonnera peut-être de ne pas trouver dans ce travail quelques développements sur les majorats, qui ne sont pas autre chose au fond que des substitutions perpétuelles d'une nature particulière, nous pensons ne pas avoir à nous en occuper, nous les considérons comme étant en dehors de notre sujet. Du reste, cette institution ne présente plus qu'un intérêt historique depuis que l'article 29 de la loi de finances du 22 avril 1905 a approuvé les conventions passées le 14 octobre 1904 entre le ministre des Finances et les titulaires des derniers majorats, supprimant ces titres moyennant indemnité.

Sur les majorats et sur les travaux préparatoires de la loi des 7 et 11 mai 1849, voyez Pavie, *op. cit.*, p. 42 à 62.

l'instabilité sociale et à l'émiettement de la terre,
dont s'inquiète actuellement et à juste titre, l'opinion publique ?

Un mouvement très accentué s'est produit dans
la seconde moitié du XIX° siècle contre plusieurs
principes fondamentaux de notre régime successoral ;
des réformes sont demandées pour remettre en harmonie avec les mœurs actuelles certaines dispositions du Code civil qui paraissent surannées.

Parmi celles-ci, doit-on comprendre, comme le
demandent beaucoup d'excellents auteurs, l'abrogation de l'article 896 ? La prohibition des substitutions
se justifie-t-elle encore ? Ou faut-il même aller plus
loin et à l'exemple de plusieurs législations étrangères rétablir dans une certaine limite les substitutions ?

Nous avons vu, au chapitre précédent, ce qu'il faut
penser des différents motifs invoqués par les rédacteurs du Code. La seule raison qui détermina leur
prohibition et motiva la sévérité de la sanction de
l'article 896, est la raison politique : le vrai but que
l'on cherchait à atteindre, était de disperser les biens
des anciennes familles entre leurs différents membres
à l'occasion d'une succession, d'affaiblir d'autant la
fortune et la puissance de chacun, et d'assurer par
suite le succès des réformes qu'allait consacrer le
Code civil. Ce fut certainement le véritable motif
de la prohibition des substitutions en 1803.

Mais s'il n'y avait eu que ce motif, une telle prohibition n'aurait pu subsister durant tout le XIX° siècle :

« Le temps n'est plus où la substitution apparaissait
« comme un mal social et un danger politique, où
« son seul nom était odieux (1). » Une fois le danger
passé, une fois les réformes accomplies, le but atteint,
il n'y aurait pas eu lieu de maintenir cette règle rigoureuse. C'est qu'il y a aussi des raisons juridiques qui
poussent vers cette mesure.

A quoi aboutit-on en autorisant les substitutions ?
On permet à un homme de disposer indéfiniment de
ses biens, même longtemps après sa mort. Non seulement il disposera d'un bien au profit de son donataire ou de son légataire, mais encore il en disposera
dans la succession de celui-ci et, ainsi de suite, autant
qu'il y aura de grevés successifs. Le disposant fera
ainsi les testaments de ceux qu'il aura gratifiés et
qui viendront après lui. Or, il est un principe admis
d'une façon incontestable dans notre droit, c'est
que personne ne peut faire le testament d'autrui. Le
donateur ou le testateur ne fera pas un acte de disposition de ses biens, mais une véritable loi, qui
s'appliquera à tous les possesseurs des biens légués
ou donnés et qui s'appliquera non seulement à ceux
qui vivaient dans le même temps que le disposant,
mais encore à ceux qui n'étaient même pas conçus
alors : « Ce qui donne à la substitution son caractère
« original et ce qui en fait l'irrémédiable vice au
« point de vue législatif, c'est qu'elle tend à créer
« un ordre de succession parallèle à l'ordre légal.

1. M. Planiol, t. III, n° 3290.

« Cela signifie que l'ouverture de la substitution se
« plaçant au décès de grevé, l'appelé vient à la succes-
« sion de celui-ci pour y recueillir l'objet de la subs-
« titution en vertu de son titre héréditaire qu'il tient
« de l'auteur de la substitution et non pas de la loi
« ni de la volonté du défunt (1). »

Il s'ensuit qu'il y aura un véritable ordre de succession établi, non par une loi, mais par la volonté
d'un homme, devant laquelle la volonté de tous les
autres devra s'incliner. Cet ordre de succession ira
souvent à l'encontre de l'ordre naturel des successions, de celui établi par la loi ; il viendra le déna-
turer et entraver son fonctionnement.

Cependant un certain nombre d'écrivains réclament
le rétablissement des substitutions au nom du droit
de tester.

Si le droit de disposer au premier degré paraît parfaitement légitime, il n'en est pas de même du droit
de substituer, car précisément il porte atteinte au
droit de libre disposition de celui à qui on transmet ces biens. Tous les bénéficiaires successifs se
trouveront, par suite, privés de la faculté de laisser
à qui ils l'entendent les biens légués ou donnés. La
substitution n'est qu'un abus de la faculté de tester (2).

De même que la société peut limiter le droit de
disposer dans un intérêt supérieur de justice, comme

---

1. Bartin, *loc. cit.*, page 44.
2. Lacote. *Étude sur la liberté de tester*. Thèse Paris, 1901.

pour assurer aux enfants leur légitime, elle peut aussi le limiter en durée et même le restreindre au premier degré si l'immobilisation des fortunes entre les mains de plusieurs générations de grevés, lui paraît incompatible avec l'ordre public.

Malgré tous leurs inconvénients, les substitutions ont conservé quelques partisans (1). Ils considèrent ces dernières comme un élément puissant de stabilité soit de la famille soit de la propriété.

La substitution, dit-on, serait un excellent moyen pour empêcher le relâchement général, que les économistes et les moralistes constatent, non sans inquiétude, des liens de famille. On ne s'attache plus à la maison paternelle, cet amour du pays natal et de la

1. Les partisans du rétablissement des substitutions invoquent l'exemple des législations étrangères qui autorisent et admettent les fidéicommis (Russie, Autriche, Espagne, Écosse, Angleterre, Allemagne, Suisse (nouveau Code civil promulgué en 1907) pour l'exposé des différents systèmes usités dans ces pays, voir la thèse de M. Piolenc, Caen, 1903). Il semble, à considérer ces diverses législations et notamment celles qui ont été l'objet de refontes ou modifications récentes, qu'il y ait une tendance à autoriser sous certaines restrictions ces clauses, que la loi française interdit. Toutefois il ne faut pas tirer de tels exemples une conclusion trop hative : chaque peuple a des besoins différents, auxquels doit répondre une législation particulière ; et ce serait folie que de l'appliquer intégralement à une nation à laquelle elle n'a pas été destinée. De plus ces peuples avaient moins de préjugés à vaincre ou plus de ressort moral pour en triompher que nous ; leur éducation s'est faite lentement, pacifiquement, non par le bouleversement total et violent de tout un ordre de choses, mais par une adaptation insensible des mœurs aux idées modernes et de la législation aux mœurs.

vie de la famille, qui n'excluait pas chez nos ancêtres l'esprit d'aventures, a aujourd'hui disparu. Les jeunes gens des campagnes quittent de bonne heure leur province et viennent dans les grandes villes où ils font souche d'enfants, qui eux-mêmes les quittent dès l'âge d'homme.

En face de ce tableau, que les progrès de l'individualisme rendent trop fidèle, de la réalité, on évoque l'image des familles d'autrefois, patriarcales et hospitalières où, sous l'égide du père de famille, des générations entières vivaient sous le même toit et s'enorgueillissaient du patrimoine commun des souvenirs, des affections et des espérances : le type de ces familles est la famille souche de Le Play.

A notre avis, la substitution est totalement impuissante pour combattre l'absentéisme, qui sévit actuellement dans nos campagnes ; le grand propriétaire foncier confiera à des régisseurs les terres substituées et émigrera dans les villes ; quant au laboureur il en fera autant, si son fonds de terre est suffisant pour le nourrir lui et sa famille.

Le principal avantage des substitutions provient de ce que cette institution est favorable à la stabilité de la propriété. Il est évident, en effet, qu'une période de possession assurée est indispensable à l'exécution d'un grand nombre de travaux agricoles, par exemple aux travaux de drainage, au reboisement des contrées dénudées. Ces travaux sont tous à longue échéance, il faut qu'un propriétaire soit assuré que lui et sa descendance posséderont le même bien et par suite recueilleront plus tard les résultats, pour se décider à les entreprendre.

Il ne faudrait pas trop s'exagérer la portée de cet argument : ces travaux ne seront possibles qu'avec des capitaux, et ces derniers seront assez difficiles à se procurer, puisque les biens seraient inaliénables.

Parmi les partisans des substitutions, nous devons signaler Le Play, au sujet duquel nous devons entrer dans quelques développements.

Le Play a fait de l'organisation et de la constitution de la famille la base de la Réforme Sociale. Toute institution qui a pour but d'assurer la force et la cohésion de la famille, la permanence et le respect de l'autorité paternelle est pour lui un élément de régénération sociale. Toutes ses préférences sont pour un type de famille, qu'il appelle du nom expressif de famille souche par opposition à la famille instable, type moderne de la famille, ainsi nommée parce que chaque union, chaque arrivée à majorité, chaque décès crée, déplace ou détruit une famille. La famille souche, au contraire, est permanente et immuable. L'autorité paternelle s'y exerce souverainement par le choix que fait le père de famille, de son successeur, destiné à perpétuer le foyer domestique, à recueillir, en même temps que les biens, l'héritage des traditions de la famille.

Cette restauration de la famille a pour corollaire une réforme de nos lois sur les successions et les testaments dans le but de renforcer l'autorité paternelle et d'éviter le partage forcé des biens. S'il repousse ce qu'il appelle le régime du partage forcé où la succession paternelle se trouve forcément et fatalement dispersée entre les membres de la famille, il proteste également contre le régime de la conservation forcée ou du droit d'aînesse, qui amoindrit la puissance paternelle et blesse l'idée de justice entre les enfants. Pour lui, c'est un système assurant au père une plus grande liberté testamentaire, qui doit restaurer une constitution forte et vigoureuse de la famille.

Au nombre des réformes projetées, figure nécessairement le droit pour le père de famille de transmettre intégralement le bien de famille à un seul de ses héritiers et d'en assurer la dévolution par substitution.

Bien qu'il en reconnût les inconvénients, du moins lorsqu'elles sont perpétuelles (1), Le Play voit sans défaveur les substitutions et préconise la substitution à un ou à deux degrés : « Le propriétaire qui, sous « le régime de la liberté testamentaire, peut léguer « ses biens à un étranger, semble avoir le droit de « les transmettre à un fils imprévoyant ou prodigue « avec des restrictions, qui empêchent ce dernier de « les dissiper. Ce but s'impose trop souvent à la sol- « licitude des pères de famille et depuis longtemps,

---

1. « Les substitutions perpétuelles, dit Le Play dans la *Réforme so-* « *ciale en France*, t. I, p. 304, ont été assurément pour quelques socié- « tés anciennes un élément de force et de grandeur. Ce régime ne se « justifie que si la vertu se transmet avec la richesse ; or une telle « concordance est rarement le trait dominant d'une société, et parfois « elle n'est plus qu'une exception. »

« il est atteint par les substitutions à un degré (1). »

Le Play juge que les substitutions prolongées empiéteraient sur le droit des générations futures. On ne voit pas bien pourquoi celles-là seules ? Même pour les substitutions à deux et même à un degré, le droit des générations futures est entamé, car toujours, qu'il y ait un, deux ou plusieurs grevés successifs, il y aura des personnes qui ne pourront ni aliéner à titre onéreux, ni disposer à titre gratuit des biens qu'elles auront entre les mains, parce qu'elles seront chargées de conserver et de rendre ; toujours il y aura une personne qui, en faisant son propre testament, jugera bon, en quelque sorte, de faire celui de ses descendants.

Bien plus, si on permettait les substitutions à deux degrés, on aboutirait immédiatement en fait aux substitutions perpétuelles, comme il arriva après la limitation des substitutions à deux degrés par l'ordonnance d'Orléans de 1560 et celle de 1747, les derniers appelés se hâtant de renouveler la substitution pour deux nouvelles générations : il n'y a pas de raison pour que les mêmes faits ne se reproduisent pas aujourd'hui.

---

1. « Il ne semble pas même exorbitant de permettre au père de famille de prévenir les maux qu'amènerait l'éventualité de deux générations imprévoyantes .. Selon l'opinion des législateurs modernes qui ont voulu rendre la stabilité aux familles, les substitutions maintenues dans ces limites sont un acte intelligent du père et du propriétaire, tandis qu'étendues au delà elles deviendraient un empiètement sur le droit des générations futures ». (Le Play, *Réforme sociale en France*, t. I, p. 307.)

Conserver les biens dans les familles et éviter le
dépeçage constant, l'émiettement quotidien de la
propriété foncière par le partage forcé, d'où résul-
tent la ruine du foyer et l'exode des paysans vers
les villes : tels sont les bienfaits que l'on attend des
substitutions. Ceux qui soutiennent cette opinion
ne semblent pas comprendre qu'il ne peut en résulter qu'une chose, l'extension de la très grande
propriété, qui ne pourra pas s'amoindrir par suite
de l'inaliénabilité, dont elle sera frappée, mais qui
peut toujours s'agrandir.

Ces idées sont séduisantes. Elles ont été dévelop-
pées dans leur ensemble par les disciples de Le Play,
par la Société d'économie sociale. Inquiète des progrès croissants de la démoralisation, cette école re-
vendique hautement les prérogatives du père de
famille : droit de puissance et de correction ; elle
proclame la soumission des enfants aux parents, et
le respect de la volonté paternelle au delà de la mort.

Dans la sphère économique, elle voit en une extension de la liberté testamentaire, un moyen de
parer au morcellement des terres préjudiciable aux
intérêts d'une bonne exploitation. Si l'on peut adres-
ser un grief à ces grandes et nobles doctrines, ce
n'est pas d'être en désaccord avec nos mesquines
idées individualistes et égoïstes ; c'est peut-être d'en
exagérer quelquefois la portée, d'en faire un remède
unique et absolu de tous nos maux et notamment de
la dépopulation : celle-ci tient à d'autres causes morales plus profondes, partant plus désolantes, et nous

n'en voulons pour preuve que l'exemple des hautes
classes de la société, où ce mal sévit le plus rigoureusement dans un but de confort et de bien-être
répréhensibles.

Quoi qu'il en soit de ces exagérations, qui sont le
côté faible de cette théorie, on ne peut en mécon-
naître la grandeur, nous en reconnaissons nettement
les avantages ; nous avons exprimé plus haut les crain-
tes que nous inspire le morcellement progressif des
héritages et la pulvérisation du sol ; les inconvénients
d'un partage aveugle et obligatoire sont indéniables
et ont été maintes fois mis en lumière. Une extension
de la liberté de tester et des substitutions permet-
trait, d'après les membres de cette école, au père, de
prévoir l'avenir, de choisir parmi ceux qui continue-
ront son œuvre, le plus apte à comprendre le caractère de l'exploitation, à en assurer la prospérité ; elle
remédierait à tous les inconvénients que présentent
certaines dispositions du Code. Elle échapperait au
reproche d'injustice et de législation de classe, parce
qu'elle serait accessible à tous et qu'elle serait précisément l'expression la plus haute de la liberté et de
l'autorité familiales. Il n'y aurait pas lieu de craindre de voir reparaître les excès et les abus qu'on
attribue nécessairement à cette institution, car la loi
serait là pour contenir l'exercice de cette faculté
redoutable accordée au testateur, dans des limites
compatibles avec la justice et l'intérêt commun, à
défaut d'un respect suffisant des devoirs et des obligations sociales.

Bien que nous adhérions à plusieurs des réformes, que réclame l'école de Le Play, nous ne pouvons nous décider à admettre le rétablissement des substitutions (1) fidéicommissaires même limitées à deux degrés, comme l'avait fait la loi de 1826. La seule raison juridique qui conduit à adopter cette opinion est la suivante : le testateur enlève ainsi à tout jamais, sinon théoriquement, au moins pratiquement, la faculté de tester à ses successeurs. Les substitutions suppriment la liberté de tester de tous les grevés puisqu'ils doivent remettre les biens substitués aux appelés, à des personnes désignées d'avance par le disposant (2).

C'est ce qu'affirme avec raison Bertauld, en faisant remarquer qu'il est puéril d'invoquer en faveur du maintien des substitutions la liberté illimitée de tester, puisque, précisément, ces dispositions tendent à détruire cette liberté : « On s'étonne, dit cet auteur, « en vérité, que des individualistes n'aient pas compris « la contradiction dans laquelle ils tombent, quand « ils prêchent avec tant d'ardeur la liberté illimitée

1. *Contra.*, de Piolenc. *op. cit.*, p. 209. — Pavie, *op. cit.*, p. 341 et 342.

2. Rossi, *Cours d'économie politique*, 4e édit, II, p. 146 : « J'ai vu, « dis-je, les exemples les plus ridicules de cette omnipotence testamen- « taire du père de famille, omnipotence qui consistait, avant tout, à « dépouiller de tout pouvoir les pères de famille, qui devaient suc- « céder au testateur. »

Dans le même sens, Glasson (*Réforme sociale* du 16 août 1889. *L'autorité paternelle et le droit de succession*, p. 222) : « Quant à la « liberté absolue de tester, elle m'a toujours paru dangereuse, comme « toute arme à deux tranchants. »

« de tester pour arriver à légitimer les substitu-
« tions (1). »

Il faut même signaler à la Cour de cassation que
sa théorie du double legs conditionnel conduit dans
certains cas à supprimer la liberté de tester du premier légataire — sous condition suspensive quand
la condition ne peut se réaliser qu'à son décès (par
exemple si l'événement de la condition consiste dans
l'accomplissement ou le non accomplissement d'un
acte susceptible de se produire durant toute la vie
du grevé) — et que ses tendances libérales vis-à-vis
du droit qu'elle reconnaît au disposant, aboutissent
au fond à restreindre ce même droit de disposer
entre les mains du premier bénéficiaire de la libéralité.

Le rétablissement des substitutions et l'extension
de la liberté testamentaire sont ainsi deux réformes

1. Bertauld, « Des substitutions et des vraies causes de leur prohibition ». *Revue pratique de droit français*, t. XII, année 1861, n° 2, p. 468.
En parlant des motifs qu'invoquèrent les auteurs du Code pour prohiber les substitutions, il fait cette déclaration : « Mais l'argument qui
« prime ceux qu'ils font valoir, pourquoi l'ont-ils négligé ? Pourquoi
« n'ont-ils pas proclamé que la liberté de tester d'un individu n'em-
« portait pas la privation de la même liberté pour tous ses succes-
« seurs indéfiniment ? La liberté du père de famille n'est pas la servi-
« tude pour toute sa postérité ou pour une série indéfinie de succes-
« seurs. La liberté du père de famille entraîne pour lui le droit de
« choisir son continuateur, s'il ne s'en est pas créé à lui-même par la
« transmission du sang. législateur de la fortune qu'il laisse, parce
« qu'il vit quand il fait sa loi ; il disposerait, par une substitution,
« non du présent, mais de l'avenir, non de sa propriété mais de la
« propriété d'autrui. »

d'un ordre très différent, quoiqu'on ait l'habitude de les regarder comme inséparables. Il est permis d'adhérer aux vues des écrivains qui considèrent comme insuffisante la liberté laissée par la loi au père de famille, et de repousser une institution dont le premier résultat serait d'étouffer l'initiative individuelle, que l'on doit favoriser, et d'anéantir, au grand préjudice du commerce et de l'agriculture, le droit de disposition de plusieurs générations.

Mais les sentiments et les tendances, que nous venons d'indiquer, devaient se faire sentir dans la pratique et engager les donateurs, les testateurs et les praticiens qui les conseillaient, à employer tous les moyens pour arriver, par une rédaction habile de leurs dispositions, à tourner la prohibition des substitutions.

D'un autre côté, la sévérité excessive de l'article 896, qui annule tout entière la disposition entachée de substitution, et la difficulté de distinguer une véritable substitution d'autres dispositions, qui s'en rapprochent, mais qui, faites de bonne foi par le disposant, n'entraînaient en somme aucun des inconvénients reprochés aux substitutions, devaient en quelque sorte forcer les tribunaux à atténuer la prohibition de l'article 896.

Ainsi que l'a fait remarquer M. Lambert, n'est-il pas fâcheux d'annuler comme substitutions des dispositions du genre de celle-ci ?

Deux époux sont sans enfants ; celui qui prédécède voudrait assurer au survivant la jouissance pleine

et entière des biens qu'il laissera, avec pouvoir absolu d'en faire ce qu'il voudra. Il juge qu'un simple
usufruit n'est pas suffisant. Il veut lui permettre de
disposer des biens en cas de nécessité, pour faire
face, par exemple, à des dépenses imprévues ; frais
de maladie, grosses réparations ; pour cela il va l'ins-
tituer son légataire universel. Mais en même temps,
il voudrait assurer, au décès de son conjoint, le retour à ses parents des biens venant de lui. S'il les
institue en seconde ligne, il va faire une substitution,
et la déposition sera annulée tout entière, ce qui
n'est pas du tout le résultat recherché.

De là, la nécessité de rechercher une combinaison
qui permette la réalisation de la volonté du disposant, tout en évitant de tomber sous le coup de
l'article 896 (1).

Mais il y a plus encore, la clause de substitution
ne se présente pas toujours comme une institution
de nature contraire aux principes individualistes de
la société moderne et à l'ordre public, tel que l'entendait le Code (2).

1. Lambert, *loc. cit.*, nᵒˢ 772 et suiv., qui cite d'autres clauses analogues et indique les arrêts qui les ont annulées.

2. Les rédacteurs du Code n'ont-ils pas exagéré et forcé quelque
peu la notion de l'ordre public en matière d'actes à titre gratuit ? la
liberté testamentaire entravée par une réserve considérable, le partage égal rigoureusement exigé, les conditions contraires aux principes du droit public nouveau effacées, à titre de peine, de toute libéralité, les substitutions sévèrement prohibées : autant d'obstacles
apportés par l'État, dans l'intérêt de l'ordre public, au libre exercice
du droit individuel.

Le disposant peut insérer la clause de substitution sans avoir en vue l'intérêt de la perpétuité des traditions, sans s'abandonner à la pensée égoïste de disposer en maître même après sa mort. Il peut ordonner à une personne de garder le bien pour la durée de sa vie et de le remettre à un tiers au jour de sa mort, et n'avoir en vue que l'intérêt sérieux et appréciable de ce tiers. Il règle alors au jour de sa mort, suivant son devoir, la dévolution de ses biens au mieux des intérêts de ses successibles et la clause de substitution n'a rien que de très légitime.

Dans de semblables circonstances, la prohibition édictée par l'article 896 est trop rigoureuse et la lettre de la loi a dépassé la volonté du législateur : « Le législateur de 1803 a peut-être dépassé le but « qu'il voulait atteindre en comprenant dans la pro- « hibition, formulée par l'article 896, des disposi- « tions testamentaires qui ne tendent point à créer « pour les biens légués un ordre de dévolution « spécial (1). »

Une dernière question doit être examinée dans ce chapitre : celle de savoir ce qu'il reste maintenant de l'article 896 ?

Ainsi que nous l'avons déjà indiqué dans notre deuxième partie, si les doubles legs conditionnels sont valables, comme presque toutes les substitutions fidéi-commissaires peuvent se décomposer en une série de dispositions, soit toutes sous condition suspensive, soit

1. Lambert, *loc cit.*, n° 789.

les unes sous condition résolutoire et les autres sous condition suspensive, avec adjonction ou non d'usufruit il va être facile d'échapper à la prohibition de l'article 896.

Comme le dit Demolombe à propos de l'arrêt de Lézé « si ce fait-là est possible, au moyen d'une certaine habileté de rédaction et de quelques artifices de langage, la prohibition des substitutions risque fort de n'être plus désormais qu'un vain mot (1). »

La validité des doubles legs conditionnels alternatifs aboutit à la destruction de l'article 896 ; cette idée a été émise aussi bien par des partisans que par des adversaires de la jurisprudence : tous les auteurs reconnaissent que cet article est devenu sans portée.

1. Voyez plus haut.

CONCLUSION

Au cours de cette étude nous avons examiné très attentivement cette théorie du double legs conditionnel alternatif, que les tribunaux ont si souvent appliquée au cours du xix⁰ siècle pour atténuer la rigueur du Code et pour rendre valables les volontés dernières d'un testateur imprudent.

Nous avons assisté, par suite, relativement à la prohibition des substitutions, à la dernière phase de l'évolution, que subissent les lois au contact des mœurs et qui oblige les peuples à opérer, au bout d'un certain nombre d'années, une refonte presque complète de leurs institutions primitives.

La magistrature, malgré son caractère de stabilité, malgré ses traditions est obligée de céder peu à peu au courant qui l'entraîne vers des voies nouvelles. Les conditions de l'existence se transforment, des besoins naissent, qu'on ne connaissait pas auparavant, d'autres au contraire disparaissent ou changent de caractère. Cela explique pourquoi les Cours d'appel et la Cour de cassation même, si disposées soient-elles à se conformer dans les problèmes, qui leur sont soumis, aux solutions antérieurement adoptées, se trouvent obligées par la force naturelle des choses à modifier insensiblement leur manière d'envisager certaines questions et à adopter des décisions moins conformes au sens initial des textes qu'aux nécessités de la pratique.

C'est ce qui s'est produit dans la délicate matière des substitutions. Celles-ci, prohibées jadis d'une façon presque absolue sous l'empire d'idées qui ne sont plus les nôtres, sont aujourd'hui, grâce à d'ingénieux détours, validées en général lorsque le testateur ne manifeste pas avec trop d'évidence sa volonté de se soustraire aux prescriptions de la loi.

Cette évolution, d'ailleurs, n'est pas tout à fait terminée, puisque les tribunaux sont loin d'être d'accord sur ce point : nous avons relevé plusieurs arrêts récents, qui considèrent les doubles legs sous condition résolutoire et sous condition suspensive comme des substitutions fidéicommissaires ; nous avons constaté également que la Cour de cassation, malgré ses arrêts des 18 juin et 28 juillet 1873, évite de prendre parti dans ce débat et prolonge ainsi l'incertitude qui en résulte dans la pratique.

Que devons-nous conclure de cette tendance si marquée à restreindre et même à supprimer complètement le domaine d'application de l'article 896 ?

Au point de vue juridique, nous ne pouvons que condamner et critiquer cette jurisprudence qui ne tient aucunement compte d'une disposition d'ordre public du Code et qui est en opposition complète avec l'esprit et la lettre d'un article aussi formel que l'est l'article 896.

Quelque dure que soit la tâche de l'interprète, quand il se trouve en présence de dispositions délicates dans leur analyse, mais louables et recommandables dans leur but immédiat, sa mission ne consiste pas moins à appliquer la loi, en s'inspirant de son esprit sans doute, mais aussi sans se mettre en opposition avec son texte. Or, ici, il est manifeste que ce que le Code a entendu prohiber, c'est, pour employer les expressions du premier Consul lui-même, « l'appel d'un individu après la mort d'un autre », esprit et texte nous ont conduit plus d'une fois à cette conclusion.

Donc, en se plaçant uniquement au point de vue juridique, nous ne pouvons que désapprouver complètement la jurisprudence, étant donné l'état actuel de la législation.

Mais si changeant de point de vue, nous nous plaçons sur le terrain économique et social, nous ferons une réponse différente, nous reconnaîtrons que les décisions des tribunaux et des Cours d'appel correspondent aux besoins de la société et font, en fin de compte, une heureuse adaptation de dispositions surannées aux mœurs des générations présentes. Le blâme atteint la sévérité imprévoyante du législateur dont l'exagération a provoqué une réaction des tribunaux ; car si les testateurs ont porté tous leurs efforts à éluder l'article 896, c'est qu'ils étaient poussés et encouragés par la généralité des termes de cet article et la rigueur de sa sanction. La loi vieillit souvent plus vite que les idées et elle arrive à n'être plus en harmonie avec les hommes et les institutions. A plus forte raison, quand elle se lie si intimement avec l'ordre constitutionnel et social et avec l'organisation économique, et qu'elle doit son origine première à des considérations politiques, qui, tout en restant la base de la législation, perdent peu à peu de leur importance et surtout leur actualité.

Le système auquel aboutit la théorie du double legs conditionnel, n'est que la combinaison des articles 1040 et 906 : il est en lui-même extrèmement raisonnable et profondément judicieux, il ne peut donner lieu à aucun abus sérieux et de plus il n'offre aucun des inconvénients que présenterait le rétablissement des. substitutions fidéicommissaires : nous nous rallions franchement à lui comme devant être consacré par la législation de l'avenir.

Ainsi que nous l'avons déjà indiqué dans le cours de ce travail, nous repoussons le rétablissement des substitutions, mais nous réclamons l'abrogation de l'article 896 à la condition, bien entendu, de conserver l'article 906.

La suppression de l'article 896 ne présentera nullement les inconvénients que soulèverait le rétablissement des substitutions fidéicommissaires ? Il n'y aura pas un ordre successif particulier constitué à côté de la loi et allant à son encontre, car tous les propriétaires existeront à l'époque où la disposition doit produire son effet : un père pourra peut-être arriver ainsi à donner des biens à son fils avec charge de les rendre à un de ses petits-enfants, mais il ne pourra disposer qu'en faveur d'un descendant déjà existant, comme d'ailleurs il pourrait donner l'usufruit de ses biens à son fils et la nue propriété à son petit-fils ; d'autre part, cette libéralité ne pourra pas porter sur d'autres biens, que la quotité disponible, ce qui ne dépouillera pas entièrement les autres enfants.

Aujourd'hui de pareilles dispositions ne risqueraient pas de devenir une source de fraude contre les tiers, car il est facile d'organiser un régime de publicité. Quant à la mauvaise administration des biens, ce sera celle qui est la conséquence de tout usufruit ou de toute propriété sous condition résolutoire ; du moins elle sera de peu de durée et ne se prolongera pas à travers toute une série de générations. Seuls resteront les inconvénients occasionnés par l'inaliénabilité, mais comme celle-ci ne dépassera jamais la durée de la vie d'un homme, ils seront très atténués. Ne se retrouvent-ils pas du reste dans d'autres institutions, notamment dans l'institution contractuelle et dans l'assurance sur la vie? De plus, la jurisprudence a aujourd'hui une tendance marquée à admettre l'inaliénabilité lorsqu'elle est temporaire et justifiée par un intérêt sérieux.

Ajoutons à la suite de Labbé la remarque suivante : « Quand grevés et appelés sont actuellement existants, l'aliénation définitive peut être réalisée à toute époque, au moyen d'un accord de toutes les volontés, difficile, mais non pas impossible à obtenir (1). » La gravité particulière de l'inaliénabi-

1. Labbé, S. 1874.1.5, § 8.

lité résultant de la substitution vient de ce qu'avant la naissance des personnes appelées, il n'y a aucun être dont le droit suspendu puisse compléter le droit résoluble du grevé.

L'étude à laquelle nous nous sommes livré en examinant les tendances nouvelles et spécialement la théorie du double legs conditionnel alternatif, nous indique nettement quelle doit être notre conclusion : il n'y a aucune raison, à notre avis, de conserver un texte promulgué sous l'empire de préoccupations différentes de nos préoccupations actuelles, dans une société dont les mœurs se sont modifiées au cours du xix° siècle.

L'abrogation pure et simple de l'article 896 s'impose. Cette réforme présenterait deux avantages incontestables : celui de mettre en harmonie la loi et la jurisprudence, et ensuite de supprimer les innombrables procès auxquels les substitutions ont donné naissance.

Au surplus, elle aurait l'immense avantage d'assurer désormais aux testateurs le respect de leurs dernières volontés trop souvent soumises au bon plaisir des tribunaux passant par moments, sans motifs plausibles, d'une grande indulgence à une extrème rigueur :

« Cette solution a pour elle l'avenir, déclare « M. Lambert (1), nous la tenons pour acquise. « L'article 896 est devenu lettre morte : reste l'arti- « cle 906. »

1. Lambert, *De l'exhérédation*, n° 821.

Nous n'allons pas aussi vite que M. Lambert. L'article 896 peut être malade, mais nous nous ferions scrupule d'enregistrer son décès tant qu'il n'aura pas cessé de figurer dans notre Code civil. Nous croyons qu'il est temps de mettre fin aux discussions subtiles dont il est l'occasion, et de laisser les solutions de la jurisprudence se baser uniquement sur les articles 1040 et 906. Mais c'est au législateur qu'il appartient d'écarter des débats judiciaires un élément encombrant inconnu du droit romain, admis par un certain nombre de nos coutumes, repoussé par d'autres et dont la survivance n'est ni imposée par une nécessité morale, ni justifiée par un avantage économique ou social.

Vu : le Président de la thèse
R. PIEDELIÈVRE

Vu : le Doyen
CH. LYON-CAEN

Vu et permis d'imprimer :
le Vice-Recteur de l'Académie de Paris.
L. LIARD

BIBLIOGRAPHIE

I. — Ouvrages généraux.

Aubry et Rau. — Cours de droit civil français, t. VII.

Baudry-Lacantinerie. — Précis de droit civil, t. II.

Baudry-Lacantinerie et Colin. — Traité des donations entre vifs et testaments, t. II.

Bretonnier. — Recueil par ordre alphabétique des principales questions de droit, au mot substitution.

Coin-Delisle. — Commentaire analytique du Code civil (sur les art. 896 et 1040).

Demante. — Cours analytique de Code civil, commenté par Colmet de Santerre, t. IV.

Demolombe. — Cours de Code Napoléon, t. XXII.

Duranton. — Cours de droit français suivant le Code civil, t. VIII.

Furgole. — Commentaire de l'ordonnance de Louis XV sur les substitutions du mois d'août, 1747.

— Traité des testaments, codiciles, donations à cause de mort et autres dispositions de dernière volonté, t. III.

Gény. — Méthode d'interprétation et sources du droit positif.

Huc. — Commentaire théorique et pratique du Code civil, t. VI.

Lambert. — De l'exhérédation et des legs faits au profit d'héritiers présomptifs.

Laurent. — Principes de droit civil, t. XIV.

Le Play. — Organisation de la famille selon le vrai modèle.

— La Réforme sociale en France.

Locré. — La législation civile, commerciale et criminelle de la France.

MERLIN. — Répertoire universel et raisonné de jurisprudence.

PLANIOL. — Traité élémentaire de droit civil, t. III.

POTHIER. — Œuvres (édition Bugnet), t. VIII.

RICARD. — Traité des donations entre vifs et testamentaires, t. II.

ROLLAND DE VILLARGUES. — Des substitutions prohibées par le Code civil.

SAINTESPÈS-LESCOT. — Des donations entre vifs et des testaments, t. I et V.

THEVENOT D'ESSAULE. — Traité des substitutions fidéicommissaires.

TOULLIER. — Droit civil français, t. V.

TROPLONG. — Commentaire du titre des donations et des testaments.

CH. VERGÉ. — Séances et travaux de l'Académie des sciences morales et politiques, année 1861.

II. — Thèses, articles de revue, notes d'arrêts.

BARTIN. — Théorie des conditions impossibles, illicites ou contraires aux mœurs.

BERTAULD. — Des substitutions et des vraies causes de leur prohibition. Revue pratique de droit français, années 1861 et 1865.

BEUDANT. — Notes au recueil de Dalloz, 1869.2.121 et 1893. 2.1.

BOUVIER. — La jurisprudence et la prohibition des substitutions. Thèse Lyon, 1909.

BUREAU — La jurisprudence française en matière de substitution. Thèse Lille, 1906.

CHAUSSE. — De la rétroactivité dans les conditions. Revue critique, année 1900.

CHÉRON. — La jurisprudence sur les clauses d'inaliénabilité Revue trimestrielle de droit civil, année 1906.

COIN-DELISLE. — Examen doctrinal d'arrêts sur les substitutions. Revue critique, 1856.

DEMOGUE. — De la nature et des effets du droit éventuel. Rev. trimestr. dr. civ., 1906.

DEMOLOMBE. — Consultation insérée au Dalloz, 1874.1.53.

HERMANCE. — Des dispositions conditionnelles qui échappent à la prohibition des substitutions. Thèse Caen, 1892.

HONNART. — Des substitutions et des procédés admis par la jurisprudence pour en tourner la prohibition, thèse Paris, 1902.

LABBÉ. — Note insérée au recueil de Sirey, 1874.1.5.

LACOTE. — Étude sur la liberté de tester. Thèse Paris, 1901.

LAMACHE. — Les stipulations permises et les clauses prohibées en matière de substitution. Revue du notariat et de l'enregistrement, année 1893.

LEGROS. — Des clauses d'inaliénabilité dans les actes à titre gratuit. Thèse Paris, 1909.

LELOUTRE. — De la non-rétroactivité de la condition dans l'acte et le fait juridique. Thèse Caen, 1904.

— Étude sur la rétroactivité de la condition. Rev. trimestr. dr. civ., 1907.

LYON-CAEN. — Note insérée au recueil de Sirey, 1896.1.305.

MEMIN. — Essai d'une théorie sur les substitutions fidéicommissaires.

LÉON-MICHEL. — Note insérée au Dalloz, 1899.1.209.

PARADAN. — Des substitutions prohibées par l'article 896. Revue critique, 1872 et 1873.

PAVIE. — Des substitutions prohibées. Thèse Aix, 1903.

PILON. — Notes insérées au recueil de Sirey, 1903.1.401 et 1903.2.273. — Revue trimestrielle de droit civil. Années 1905, 1906, 1907.

DE PIOLENC. — Étude critique sur la prohibition des substitutions. Thèse Caen, 1903.

PLANIOL. — Note insérée au Dalloz, 1893.2.513 et 1907.2.265.

ROCHE. — Théories modernes de la jurisprudence sur les substitutions prohibées. Thèse Paris, 1905.

TISSIER. — Legs conditionnels alternatifs et substitutions prohibées. Revue trimestrielle de droit civil. Année 1903.

Tissier. — Notes insérées au recueil de Sirey, 1897.1.321 et 1906.1.81.

Villequez. — Étude historique sur les substitutions prohibées. Revue historique, 1863.

Wagner. — La clause d'inaliénabilité dans les donations et les legs. Revue trimestrielle de droit civil, 1907.

TABLE DES MATIÈRES

DEUXIÈME PARTIE

Du double legs conditionnel alternatif.

TROISIÈME PARTIE

Examen de la question au double point de vue économique et social.

MAYENNE, IMPRIMERIE DE CHARLES COLIN